卢乐山儿童观察日记

LULESHAN ERTONG GUANCHA RIJI

记录与分析

LIU YU FENXI

卢乐山/ 著

雷思晋 /整理

刘　焱　刘峰峰　左晓静　李晓静　李　甦　郑孝玲　潘月娟
陈　辉　何梦焱　苏　婧 /评注（按评注的年龄段顺序）

北京师范大学出版集团
BEIJING NORMAL UNIVERSITY PUBLISHING GROUP
北京师范大学出版社

图书在版编目(CIP)数据

卢乐山儿童观察日记：记录与分析 / 卢乐山著. —北京：北京师范大学出版社，2025.1
ISBN 978-7-303-29346-9

Ⅰ.①卢… Ⅱ.①卢… Ⅲ.①幼儿教育－教育工作 Ⅳ.①G61

中国国家版本馆 CIP 数据核字(2023)第 164412 号

图书意见反馈：gaozhifk@bnupg.com 010-58805079
营销中心电话：010-58802181 58805532
编辑部电话：010-58808898

出版发行：北京师范大学出版社 www.bnupg.com
北京市西城区新街口外大街 12-3 号
邮政编码：100088
印 刷：唐山玺诚印务有限公司
经 销：全国新华书店
开 本：889 mm×1194 mm 1/20
印 张：11
字 数：269 千字
版 次：2025 年 1 月第 1 版
印 次：2025 年 1 月第 1 次印刷
定 价：68.00 元

策划编辑：罗佩珍 责任编辑：钱君陶
美术编辑：焦 丽 装帧设计：焦 丽
责任校对：陈 民 责任印制：赵 龙

滋兰树蕙，芬芳永留人间

2022 年年初，收到雷思晋先生给我发来的微信："我在整理妈妈的遗物时，发现了一些手稿，其中有一部分是她以前写的幼儿成长观察记录，对象是我儿子雷昊。我看了以后觉得好像还有些价值，妈妈费了很多时间和精力，写了近十万字的观察记录，窝在这儿挺可惜的（里面也有您当年和雷昊的互动内容）。最近我对内容做了些文字、标点符号的修改，又刚刚把它打成了 Word 文档，还配上了雷昊小时候的一些图画（也是妈妈保留下来的）。希望能给幼教人士做参考。"早在 1982—1985 年跟随卢先生上研究生时，我就听先生提起过在记日记，做小孙子的成长观察记录，"就是想为大家研究儿童发展留点资料"。转眼间，敬爱的卢乐山先生离开我们已经 5 年有余了。这个时候能够读到先生的遗稿，是一件多么令人惊喜的事情！非常感谢雷思晋先生把它整理出来，让我们能够读到这份珍贵的遗稿！

卢乐山先生是我国著名的幼儿教育家、新中国学前教育学科的重要奠基人。她热爱儿童，热爱学前教育事业，在学前教育领域辛勤耕耘了 80 多年，把自己的一生奉献给了我国的学前教育事业。

早在 1934 年，年仅 17 岁的卢先生考进燕京大学并选择幼儿教育作为主修专业，开始了自己钟爱的学前教育教学与研究生涯。在大学期间，先生就把"学习不忘服务，治学不离实践"作为座右铭，把呵护儿童，尤其是处境不利儿童的成长作为自己的责任，"燕京大学这墙里边和墙外边的差距太大了，如果我们不去主动教育的话，这些穷人家的孩子是没有机会上学也上不起学的"。她身体力行，为穷苦家庭的孩子创办了短期的半日制幼稚园，以弥补他们家庭教育的不足。1938 年从燕京大学毕业后，先生在京津两地任协和医院附设幼稚园主任及木斋学校幼稚园主任，成为我国首批幼儿教育工作者。

幼儿园的实践工作使卢先生对幼儿教育有了更加深刻的认识，激发了她进一步深造的愿望。带着在实践中产生的问题与困惑，她于 1940 年再次报考燕京大学研究院。但只读了一年半，太平洋战争就爆发了，日本人占领了燕京大学，学校停办。过了不久，燕京大学在四川成都复校。1944 年，卢先生南下成都，在成都燕京大学继续完成被中断的学业，一边准备硕士论文，一边在树基儿童学园当老师。同时，她还在成都幼稚师范学校教课，指导大学三年级学生实习，把实习生工作当中遇到的情况和问题结合到教学中，理论联系实际，很受学生的欢迎。1945 年，卢先生获燕京大学硕士学位。1948 年，她赴加拿大多伦多大学儿童研究所进修。

新中国成立后，卢先生和丈夫雷海鹏先生毅然归国，在北京师范大学保育系任教，教授幼儿园语言教材教法、音乐教材教法和自然教材教法三门课程。1952 年全国高等学校院系调整，北京师范大学的保育系和教育系合并成教育系学前教育专业，卢先生被任命为学前教育教研组主任，主持编撰了新中国第一部《幼儿园教育工作指南》，为新中国学前教育理论与实践发展奠定了基础。

改革开放之后，先生专注于蒙台梭利教育研究、儿童游戏研究、张雪门幼儿教育思想研究、家庭教育研究等，对深化和拓宽我国学前教育理论与实践研究作出了重大贡献。为了给我国学前儿童发展与教育积累原始的研究素材，在1982年11月7日长孙出生以后，卢先生以日记的形式，对孩子的日常生活和成长变化进行了非常客观细致的观察记录，在长达6年4个多月的时间里，笔耕不辍。这份儿童观察日记，不仅凝聚着先生对小孙子的关怀和喜爱，更承载着她对学前教育事业的满腔深情。生命不息，研究不止；教书育人，滋兰树蕙。敬爱的卢先生给我们留下了宝贵的精神财富。

教育是育人的活动。要育人，必须了解人，尊重人的基本发展规律。观察和研究儿童，既是儿童发展研究的基础，也是教育的基础。在历史上，系统的儿童观察日记的出现，标志着作为一门科学的儿童心理学的诞生。19世纪后期，德国生理学家和实验心理学家普莱尔（W. T. Preyer）对自己的孩子从出生到3岁每天进行系统观察，有时也进行一些实验性的观察，并把这些观察记录整理成专著《儿童心理》，于1882年出版。这本书被公认为第一部科学的、系统的儿童心理学著作，奠定了儿童心理研究的基石。后来的一些心理学家如皮亚杰等，也以自己的孩子为观察对象，来研究儿童的心理发展特点。我国著名的幼儿教育家陈鹤琴先生采用日记法对其子从出生到3岁进行了观察，这是我国较早的系统的儿童心理研究工作。卢乐山先生这本儿童观察日记的出版，将会丰富我国学前儿童的发展研究，为我们提供研究和分析学前儿童发展的宝贵资料。

观察和记录儿童的生活，分析和了解儿童的年龄特点、个体特点以及环境的影响等，已经成为学前教育专业学生和幼儿园教师专业发展的基本任务。随着对学前教育的重视，越来越多的家长关注孩子的成长与发展，渴望"读懂孩子"。为了帮助广大读者更好地从书中了解学前儿童的成长发展，在日常生活点滴中"读懂孩子"，我们组织了专业团队为读者"解读"日记。期望更多的读者能够从卢先生的儿童观察日记中受益。激发更多的人去关注、关怀和研究儿童，是我们的初心。

捧着一颗热爱孩子的赤诚之心，在新中国学前教育的热土上辛勤地播撒希望的种子，永留芬芳在人间，这是我们敬爱的卢先生一生的写照。让我们以先生为榜样，为我国学前教育事业的进步与发展贡献力量！

刘　焱

北京师范大学教授

2023年5月26日

前　言

　　我的母亲卢乐山教授出身于教育世家，祖父卢木斋和外祖父严范孙都是中国近代知名的教育家。他们怀抱"教育救国"的理想，主张"废除科举，兴办新学"，努力探索适合中国国情的现代教育，在晚清新政乃至整个近代教育转型中发挥了重要作用。母亲的祖父和外祖父作为实业家，倾家资而兴学，在京津地区创办了从蒙养园、小学、中学乃至大学等一系列学校。其中的佼佼者如天津南开系列学校（包括蒙养园、小学、南开女中、南开中学和南开大学）、木斋图书馆、直隶图书馆（天津图书馆前身）、天津木斋中学、直隶水产讲习所（河北省立水产专科学校前身）等。

　　我的外婆是严氏保姆讲习所的第一届毕业生，曾担任蒙养园教师，并开办过幼稚园。母亲的姑母和两位表姐都曾学习幼儿教育，并从事幼教工作。母亲从小就在自家创办的幼儿园、小学和中学里读书受教育，在祖辈们教育强国梦和浓郁的教育氛围的影响下，与教育结下不解之缘，成为一名终身幼儿教育工作者。她说过："我从小就认为读书重要，做教师光荣。"她对祖父捐资办学、办图书馆的精神有着由衷的敬佩之情。母亲在一篇纪念祖父的文章中还特别提及，她这一辈子的教学生涯，总是学一学就去实践，实践以后又去学习。这也是受祖父的影响和启发。祖父做过北洋武备学堂算学总教习，做教师的时候很重视实践，他的教学和实践是紧密结合的。

　　母亲在 80 多年的幼儿教育生涯中，从事过各种教育工作。她创办过幼稚园；担任过幼稚园教师、园长，幼稚师范学校教师，师范大学学前教育专业教师、教授；讲授过多门学前教育专业课程；编写和翻译了多种专业书籍，如《儿童音乐活动乐谱》《幼儿教育工作指南》《在游戏中学习》《锻炼儿童思维的游戏》《蒙台梭利的幼儿教育》《幼儿教育必读》《城乡婴幼儿教育指南》《学前教育原理》《家庭优生、优育、优教知识》《中国学前教育百科全书》"家庭教育丛书"等。

　　母亲曾在多家学前教育组织兼职，发挥自己的余力。她曾任中国儿童发展中心专家委员会委员，全国家庭教育学会会长，《群言》杂志编委，《中华家教》杂志主编，中国学前教育研究会顾问，中国老教授协会学前教育研究所名誉所长，北京市幼儿教育研究会副理事长、顾问，教育部重点课题顾问，北京市玩具协会儿童生理心理教育研究会委员，等等。

　　母亲也关心国家发展，关注政治，参与过中国民主同盟、中国人民政治协商会议、中华全国妇女联合会（以下简称全国妇联）的工作，在民盟中央当过妇委会主任，在全国妇联任过副主席，也担任过全国政协委员。

　　母亲为祖国的儿童教育事业勤奋拼搏，成绩卓著，受到了党和国家的重视与关怀，荣获了多项奖励：1993 年享受国务院政府特殊津贴；1994 年荣获"全国有突出贡献的儿童少年工作者"称号，获"热爱儿童"奖章，并享受省部级劳模待遇；1996 年被全国妇联、国家教育委员会授予"全国家庭教育工作园丁奖"；1999 年被全国妇联授予"在二十世纪中国妇运史上记载着您创造的辉煌"奖状；2004 年荣获"中国内藤国际育儿奖"；2006 年荣获"老教授科教工作优秀奖"；2007 年被北京蒙台梭利教育中心授予"终身成就奖"；2008 年荣获中国画报出版社"新中国幼教事业先行者"称号；2009 年被中共北京市委教育工作委员会评为"首都教育六十年人物"。

　　近年来由于党和国家的重视，我国学前教育改革发展取得了历史性成就，学前教育开始进入高质量发展的新阶段。习近平总书记在党的十九大报告中强调要"把教育事业放在优先位置"，而且明确提出要"幼有所育、学有所教""努力让每个孩子都能享有公平而有质量的教育"；在党的二十大报告中再次强调要"强化学前教育、特殊教育普惠发展"。

　　母亲曾在多种场合说过："我这一生受到的恩惠很多，得到的帮助很多，获取的很多，但付出的太少。"今天，我国的学前教育已经站在了更高的历史起点上，在此大环境下出版母亲的儿童观察日记，希望能给广大幼教工作者和学生提供一些原始素材，或许能对其日常工作、学习和科学研究项目有所帮助，为我国的学前教育事业发展增砖添瓦。

　　《卢乐山儿童观察日记：记录与分析》一书能够出版，要特别感谢刘焱教授和她的专家团队——刘峰峰、左晓静、李晓静、李甦、郑孝玲、潘月娟、陈辉、何梦燚、苏婧，她们对日记内容进行了精心的评注，使得观察素材上升到理论分析层面，理论和实践相得益彰。

雷思晋

2023 年 7 月 28 日

缅怀奶奶卢乐山

非常高兴看到奶奶的观察日记能够成书，它勾起了我对儿时和亲爱的奶奶一起生活的回忆。作为奶奶的长孙，一生下来就和奶奶住在一起。在北京师范大学校园一所面积不大的公寓里，有爷爷奶奶、爸爸妈妈，还有叔叔婶婶，后来有了我。在这里，我和奶奶一起度过了一段极为珍贵的时光，虽然许多记忆都模糊了，但奶奶那慈祥可敬的样子永远铭记在我心中。

奶奶是我们七口大家庭的重要成员，实质上她是我们家庭的核心，是每个家庭成员都仰望的人。她非常爱我们的家人。尽管她是一位非常忙碌的教授，为北京师范大学学前教育系做了很多事情，也积极参与了许多国家级项目，但她总是挤出时间和我们在一起。奶奶有时和我们一起去逛城里的公园，我特别喜欢去北京动物园看动物，回来后她就让我画看到的动物，培养我的绘画兴趣和技能。早晨，她常常带我在北京师范大学校园里散步，记得我总是喜欢去建筑工地看"大吊车"，她会问我一些当时看到的细节问题，启发我的认知。有时，她也会送我去上幼儿园，我记得每当幼儿园放学时看到是奶奶来接，总是非常高兴。

奶奶带着我做了许多事情，教我唱歌、画画，和我一起做游戏，参加课外活动。我至今还特别记得奶奶对我常说的一句话，每次玩儿完玩具时奶奶都让我及时收好，把玩具放回柜子里，告诉我要"玩儿完一件收一件"。这虽然是一句简单的话，却使我养成了一个终身受益的好习惯，并且我现在也会用奶奶的话教育我的孩子。

奶奶对我的培养和教育富有远见，为我的成长提供了很多指导。她会推荐好的书目，教我阅读，提出问题让我思考、回答。她注重培养我良好的习惯，比如，要对客人有礼貌。奶奶在培养我对音乐的兴趣方面付出很多，她认为这是一种更高层次的教育形式，会对我人生的其他方面都有助益。她为我买了一架钢琴，于是我从 4.5 岁就开始学习钢琴，她还建议让我上了一期北京师范大学教育系主办的儿童音乐班。现在，我还清晰地记得奶奶和我同坐在一张钢琴凳上为我做示范、和我一起弹琴的情景。我最终喜欢上了钢琴，并发现这是打发时间的好办法。奶奶一直坚持不懈地看我练习每首乐曲，妈妈经常批评我弹得不够好，然而奶奶则认为，培养孩子学琴一定要先培养孩子的兴趣，学习的兴趣更重要。我很感激，正是因为奶奶要我学习钢琴，使我对艺术产生了兴趣，出国后我还曾在洲际钢琴比赛中获得过第一名。同时，这段经历也培养了我在今后人生中面对困难时所需要的韧劲。

记得小时候家里常常来客人，他们都是来看望奶奶的，人们的关爱一直持续到奶奶的晚年，令我非常感动。我知道这是因为奶奶把毕生精力都献给了我们国家的幼教事业，一生结识了非常多的幼教同行，培养了众多的学生，这让我体会到了奶奶的人生价值。

雷昊一家

仔细阅读奶奶的观察日记，我似有一种豁然开朗的感觉。学前教育是一门严谨的科学，奶奶对我的培养完全遵循了学前教育的科学原则。她通过各种益智游戏和活动来刺激我的思维，注重培养我的观察力和想象力，也鼓励我发挥自己的特长和兴趣，同时注重培养我的自信心和自我控制能力，在活动中启发我的创造力。奶奶还专门订立一些规矩来帮助我养成良好的生活习惯和学习习惯，等等，不一而足。

我现在已经是三个孩子的父亲，在教育孩子们的过程中，也常常想起奶奶教育我的方式方法，感觉到这些对教育、培养我的孩子很有启发。我始终做到不娇惯孩子，既要让孩子遵守规矩，又坚持民主对待孩子，积极鼓励孩子并有选择性地买玩具和图书，使孩子能得到更适宜的发展。

非常怀念我的奶奶，感谢奶奶对我的培养和关爱，奶奶的爱是那么温暖而伟大，我永远珍藏在心底。奶奶虽然永远离开我们了，但她永远活在我们心中！

雷　昊

2024 年 1 月 15 日

目 录

雷昊出生

雷昊：男，1982 年 11 月 7 日出生（图 1）

体重：7 斤 3 两

习惯特征：左利手

昊昊的来临，给大家带来了莫大的喜悦。让我们跟随卢先生的笔记，一起来观察新生命的成长，分享这份喜悦吧！

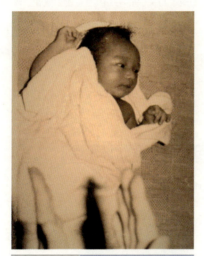

图 1　雷昊出生时

1982 年 12 月 7 日（1 个月）

能随着人的移动转动头和眼，能注意人的脸。

能注意听音乐和人的声音，大哭时听到哼唱的歌曲会停止哭。

喜欢直立看有光亮的地方，直立时脖子能挺起来，很有力。

对成人说话有反应（出声）。

舒服地躺在床上时会笑（不出声），头向左右转动观看。

因腿抽筋时大哭（估计是缺钙），开始吃钙片（前些天已开始吃鱼肝油）。

经历了最初一个月"主客体的混沌一片"，婴儿开始逐渐能够注意到周围世界中"明显的"刺激，如人脸、人声、音乐、光亮等，表现出最初对于刺激的选择性（如喜欢喝加了糖的水）。成人对于孩子需要的敏感知觉和适宜反应，有助于孩子形成对外部世界的最初信任。昊昊看起来对新的环境很满意，且适应良好。

不愿喝无糖的白水，吐出奶嘴，面部有表情。

能抓住袖口，或碰到的纱布、手指等。

洗澡时特别安静，展露舒服的表情。爱哭，醒了就哭，抱起来仍哭，直立地趴在成人肩上时能止住哭。

不愿被被子包住腿，手臂经常高举。

被成人的手碰到脸颊时，头转向人手，张嘴做找奶头状。

腿仍向里弯，手臂有力，经常伸出。睡觉时常因手臂动而惊醒。

大便时安静，两手紧握，眼直视，发出用力声，大便完会哭，如未完即洗也会哭。

能喝橘子水。

1982 年 12 月 19 日（1 个月 12 天）

喜欢伸手臂，伸腿，不愿受约束。

睡不沉，睡一会儿很快就会醒。

常大哭，不知原因。

要吃一点儿东西才能睡。1～2 小时就得吃一次，似乎很饿，但又吃不多。

腿上有时还会出现硬包，继续吃钙片、鱼肝油。

洗澡时很安静（用长澡盆把腿泡在里面）。穿衣时又大哭，直到吃奶为止。

听到声音或大人小声哼唱能止住哭，安静一会儿并有出声反应，然后又哭。

一天睡眠很少，常惊醒，醒后大哭不止。下午吃妈妈的奶后能睡一会儿，醒了又要吃两口奶才睡。

夜间只吃妈妈的奶，白天不愿吃妈妈的奶，愿意喝牛奶。

1982 年 12 月 20 日（1 个月 13 天）

上午躺在大床上，开始要大便时，做出用劲的样子并发出声音，手紧紧抓握。爷爷准备给他照相，他看见有相机，便注视着，不再使劲。过了一会儿才又开始使劲大便。

他已习惯吃妈妈的奶才入睡。今天下午用假奶头代替妈妈的奶头，也能入睡，睡着后仍吸吮。睡了约半小时，因饿不肯再吸假奶头，大哭，直至吃到妈妈的奶才停止哭。

仍喜欢直立，哭的时候被竖着抱起，看看窗子的光亮就停止哭。大哭时听到哼唱的有节奏的声音便转移注意。有带响的玩具在旁边摇时，可以注意约两分钟。

下午 7 点时要吃奶，但吃几口就大哭不止。他似乎要大便，在大床上躺下来安静了，但仍不使劲。我模仿他大便时使劲的声音，几次后他也开始使劲了（但不知是否受了我的影响）。安静了一段时间，大便后又大哭。

最近他只喜欢吃妈妈左边的奶（夜间除外），不愿吃妈妈右边的奶。

1982 年 12 月 21 日（1 个月 14 天）

一夜睡得较好，早上 6 点半大哭一次后又睡。

8 点多只吃了一点儿奶就不肯吃了。拉了屎还不肯吃，哭，好像未拉完。抱到对面屋子看窗外，停止哭，放在大床上很安静。用带响的玩具摇给他听，他注意听，脸上常带笑容。将玩具移动时，他的眼睛也跟着移动。对人有兴趣，两手摇动，兴奋（图 2）。

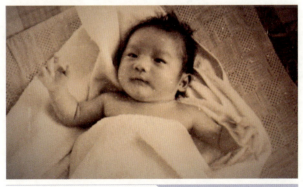

图 2　雷昊 1 个月 14 天

玩儿了一刻钟左右，似乎不耐烦了。被抱起来后不好好吃奶，大哭了一阵，安静下来重新吃奶，入睡。

上午不愿吃奶，一吃就哭。10 点以后入睡，这次睡的时间较长。醒后喝了 100 毫升牛奶加一些米汤。停止哭后玩儿了将近 10 分钟，然后吃妈妈的奶入睡。

今天仍睡不安宁，随时惊醒，好哭。

下午 6 点半哭闹，被抱着听别人哼歌曲时安静下来。样子很疲倦但睡不着。大便前躺在大床上能安静下来。大便后我立即抱他起来洗屁股，他没有哭。

1982 年 12 月 22 日（1 个月 15 天）

一夜还是睡不安宁，时而哭。

早上安静下来后，躺在大床上听见广播的声音，安静地倾听。过了约 10 分钟，我走近他，他看到人的脸笑了（第一次笑出声）。又过了约 5 分钟，不肯再躺着，被抱起来看到明亮的窗子才止住哭。

姥姥发现他的生殖器官红肿，他可能有些疼，不舒服。

今天有六七级大风，妈妈和姥姥还是抱他到姥姥家去住了。中午爸爸去看他，说他睡的时间较长。

1983 年 1 月 1 日（1 个月 25 天）

昊昊在姥姥家住了十天，睡得较多，哭的情况有好转，吃的也比以前少些。只愿吃妈妈的奶，不肯喝牛奶。

因认为他身体很有力，不像是缺钙，所以停止补钙。

喜欢喝橘子水，一天喝三次。

每天大便一次，大便形态正常，量也较多。

下午爸爸、妈妈把他抱回家来，他显然又长大了。

把手、脚包起来睡的时间长些，但仍常哭。

天黑后睡得较好。

被抱起来时眼睛四处看，头也转动。

1983 年 1 月 2 日（1 个月 26 天）

夜里睡得较好，早上玩耍了较长时间，常常笑。

上午还有点爱哭，他躺在摇篮里不耐烦，困了又不肯睡，想要人抱。我对着他说话，他停止哭 1～2 分钟。我又用红色小球在他头上晃，他注意了几十秒，眼球追随球转动，然后又哭起来。

下午仍不能安静地睡，时哭时醒。晚上妈妈抱着他，好姨（雷昊的婶婶）在一旁转来转去，他的头和眼也跟着转动，很灵活。

因为今天一天无大便，可能不舒服。晚上一边吃着，一边就拉出来了，因姿势不合适，又大哭，大便后稍好。

1983 年 1 月 3 日（1 个月 27 天）

夜里睡得不太好，时醒。

今天哭得不太厉害，几次长时间地玩儿。对人出声和笑，喜欢看人脸。有人来和他说话时可能会停止哭。有时用红色小球在他头上晃，他也能停止哭，眼球随着球的方向转动，或对着球出声（好像在说话），表现出手舞足蹈的样子。

下午睡了两次较长时间的觉，醒后玩儿的时间也较长。有人在时很兴奋，无人在时自己还玩儿了约 20 分钟。

洗澡时（好多天未用长澡盆），因全身着水有点紧张，紧紧抓住妈妈的头发不放。

下午躺在大床上玩儿时，我将手指放在他右手中，他紧紧抓住动来动去，很有力。我又将手指放在他左手中，他没有紧抓，可能是累了。大人离开后，他独自玩儿了十几分钟，两手不停地动，头左右转动看向两边。

晚上吃饱后，大哭一阵才入睡。

1983 年 1 月 4 日（1 个月 28 天）

一夜睡得较好。早上妈妈把他抱到爷爷床上，他自己玩儿了约 8 分钟，便开始着急了。我拿了一个粉红色塑料皮的本子在他头上晃，并发出声音，他停止了哭，注意本子的摇动，头和眼睛随着本子转动。又过了5～6分钟，我对着他说话，他哭出了声，2～3分钟后，开始哭闹，要人抱起来。

　　吃饱了仍不肯自己睡，睡得很不安静。

　　中午又大哭，洗澡后安静下来。我让他躺在大床上，给他看红色小球，他很专注，随着球的方向转动头和眼。看见人脸后又很兴奋，笑出声，像是在说话。

1983 年 1 月 7 日（2 个月）

　　能躺在床上自己玩儿一阵，左右转动头看旁边的东西。有人来时兴奋，手舞足蹈，爱笑（图 3）。有时出声像是说话。在他哭的时候和他说说话，给他看看红色小球，摇晃带响的玩具或播放收音机里的音乐、讲话，他便停止哭，但只延续 1～2 分钟。

图 3　雷昊 2 个月

　　洗澡时比较安静，但饿时仍大哭，很急。吃时如果不是太饿，而奶太冲时也要大哭。如果很饿就可以安静地吃奶，但吃后就要睡。

　　养成了一种习惯：困的时候仍睡不着，哭。一定要吃几口奶才睡。

　　最近只吃妈妈的奶，不肯喝牛奶，也不肯喝水，给奶瓶就吐出来。

夜里睡的时间仍较白天长。

想睡，又容易饿，常常哭，但被竖着抱住趴在大人身上能睡半个多小时，然后再吃。

1983 年 1 月 12 日（2 个月 5 天）

夜里及上午都不肯好好睡，中午睡着了。因为要去托儿所量体重，抱他起来时醒了。下午仍不肯睡，晚上大哭后吃奶才睡。

今天量体重连衣服及毯子，共 14 斤（衣物约有 3 斤）。

1983 年 1 月 14 日（2 个月 7 天）

上午躺在妈妈旁边玩儿，玩儿腻了大哭，待妈妈睡着了，又哭了约半小时，满头大汗。被抱起来后停止哭。大概是饿了，给他牛奶也喝，但吃到妈妈的奶时突然又大哭。

下午精神足，不肯睡，大哭。我抱他走了一会儿（竖着抱），放在爷爷床上。墙上的挂历引起他的注视，躺下也未哭。我拿一个红色贺年片在上面晃，他笑了（出声）。待他又玩儿了约 10 分钟，我把大娃娃立在他旁边，又把半导体收音机放在近处，他边听边看，一直玩儿了约半小时，才有些不耐烦。虽然饿了，但对洗澡还是很有兴致的，洗完后有点着急（要吃），坚持了一会儿又大哭起来。

晚上大哭很久才入睡，夜间睡眠尚好。

💬 很委屈啊！昊昊从最初不习惯妈妈的奶到喜欢妈妈的奶，尤其是晚间喜欢妈妈的奶，表明已经把妈妈当作最信任的人。虽然饿的时候，牛奶很快能满足需要。

1983 年 1 月 15 日（2 个月 8 天）

现在已能发出"ma"或"ao"的音。

以往只要竖起来抱着他，他就止住哭。这两天每到困时，竖着抱他也哭。

躺在爷爷的床上可以不哭（使他注意墙上的挂历）。今天上午在爷爷床上躺着玩儿了约 40 分钟，有时看看红色贺年片，有时听听广播，还有时看看大娃娃。出声，时而笑，但一被抱起来再放下时就哭起来了。

下午仍不肯睡（只睡了约半小时），时哭。

1983 年 1 月 16 日（2 个月 9 天）

今天搬到姥姥家去住，在姥姥家睡得较多，可能是屋里比这边凉快些。

1983 年 2 月 4 日（2 个月 28 天）

从姥姥家回来，哭得比以前少多了。

常常笑，自己能躺着玩儿一阵，一边出声，一边四肢不停地动。有时要吃手，但常常手找不到嘴。只吃右手（左手找不到嘴，只是在脸上晃一晃）。见有人来就哭，然后便要起来，一边不停地"说"，一边挺起身子，希望有人抱他起来。

睡前仍要大哭，不能自己入睡。

拥有了一辆小车，能在小车里躺着，能自己玩儿，但时间不能太长。

由于近 20 天未用长澡盆洗澡，今天初次洗时有些怕，哭了一下，但过一会儿就好了。喜欢洗澡。

近来仍不爱喝牛奶，除非很饿的时候才肯喝。

已能吃碎菜泥（用勺喂）。

在 20 世纪 80 年代之前，把大小便在我国是一种普遍的育儿方式，家长普遍认为"从小养成习惯，就不会拉在身上"。这种方式到了 20 世纪 80 年代后期随着穿纸尿裤的流行，才被逐渐抛弃。自改革开放以来，我们从弗洛伊德的精神分析理论那里，知道了过早开始大小便训练，会给婴幼儿产生心理上的压力，不利于婴幼儿健康人格的形成。现代科学大便时仍发出很大的声音，脸上使劲，已能把着大便（图 4）。

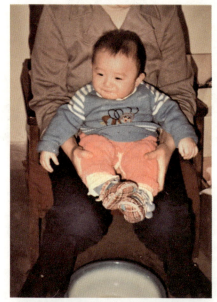

图 4　雷昊 2 个月 28 天时把大便

1983 年 2 月 7 日（3 个月）

体重已达 15 斤。

上午到结核病防治所检查，回来时乘公共汽车，因为不愿意盖着脸，在车上一直大哭。

中午因为又饿又困，喝了一大瓶牛奶，然后熟睡。

右手的抓握力更强，能抓住摇棒（图 5），随着手臂的动作摇动，持续很长时间。

自己躺着的时候四肢总是不停地动。被抱起来后一般会安静地看周围的东西。在困或饿时，被抱着也不耐烦。

喜欢看墙上带图画的挂历，一个人躺着的时候能注视着画说个不停，看见人就笑。

研究也告诉我们，1 岁半之前婴儿的膀胱括约肌、尿道括约肌、肛门括约肌及神经系统发育还不成熟，频繁把尿会让他们形成对指令的条件反射而去排尿，而不是当膀胱处于尿液充盈状态时才排尿。过早开始把尿会使婴幼儿缺乏憋尿经历，膀胱括约肌得不到锻炼，甚至有可能引发憋不住尿或者出现尿频的问题。过早的如厕训练也会对婴幼儿肛门括约肌及神经系统的发育造成一定的不良影响。穿开裆裤则不利于婴幼儿形成保护隐私的意识，且容易导致意外伤害的发生；若婴幼儿穿开裆裤坐在地上，还可能引起瘙痒，造成感染和交叉感染；穿开裆裤还会让他们养成随地大小便的不良习惯。从把便训练到给孩子穿纸尿裤（而不是用传统的尿布），在适当的时候开始如厕训练，不仅反映了育儿观念和方式的改变，也反映了我国经济社会发展水平的提高。

图5　雷昊3个月

夜间睡的时间更长，有时6小时不醒。醒了换过尿布又继续睡。白天睡前仍要大哭很长时间，要被抱着，躺着就要哭，哭得越厉害睡得越沉。

🖋 1983年2月10日（3个月3天）

能自己躺在大床上玩儿较长时间，边说边笑，注视墙上的挂历，听到人的声音时就能说笑。想要人抱时便说个不停。

右手能举着摇棒看较长时间，有时把摇棒放在嘴里，有时用眼看。

在困或饿时，被抱着也不耐烦，不安静。

睡前仍常大哭。

会笑出声。

会用不同的声音表达要求：高兴时，对人笑着发出连续的"eng"的声音；急着叫人时发出"ou"的声音；委屈地哭时发出"ma"的声音；发现了什么就发出较短的"eng"的声音。

🖋 1983年2月15日（3个月8天）

今天不大有精神，照相不容易笑，可能是未睡足。头仍喜欢向右侧偏（图6）。

👉 通过这一段描述，我们可以知道3个多月的婴儿会主动探索周围环境，会主动与人交往，会创造自己独特的"语言"来表达自己的需要。成人只有敏感地觉察到他们的需要，才能做出适宜的反应。

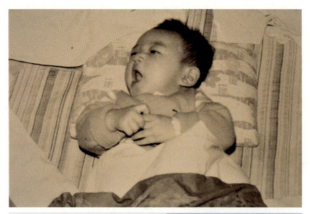

图 6　雷昊 3 个月 8 天

手碰到摇棒时能自己抓起来。还不能去拿眼前放的东西。

被抱了一阵后更愿意躺下玩儿，躺下时如果能注意到什么，或看到什么一般都很高兴。

注视一件东西能达半分多钟，然后转头换一个目标。没有玩具时，两眼总是左右看个不停，头向两边来回转动。

能从侧身翻到正身，一般平躺，不肯侧躺。偶尔侧身躺着，能睡一觉。

喜欢吃苹果、蛋黄，吃得很急，嫌不够，嘴里还"吧嗒"出响。但被喂钙片时，则用舌头向外顶，不爱吃。

1983 年 2 月 18 日（3 个月 11 天）

今天上午睡得多，下午一直不肯睡觉，夜里睡得很好。下午突然不肯吃妈妈的奶，只愿意喝牛奶。夜里吃了妈妈的奶。

1983 年 2 月 19 日（3 个月 12 天）

今天不肯吃妈妈的奶，虽然很饿，一吃妈妈的奶就大哭，喂牛奶就肯喝。

躺在大床上时，如果表现得不高兴，按摩他的身体和腿，他会感到舒服，立刻就笑了。

喜欢看墙上的小灯，一看就笑。

1983 年 2 月 21 日（3 个月 14 天）

这两天又肯吃妈妈的奶了。

听到别人的话可以出声反应。

1983 年 2 月 22 日（3 个月 15 天）

这两天食欲不好，喜欢叼住奶头，似乎是要长牙。

白天哭的次数又比较多，睡不长。但自己躺着玩儿时仍很高兴。打哈欠时流出了眼泪。

发出的声音较多样，自动地对着东西发出较大的声音。今天出现一次清楚的"妈"的声音。

自己躺着时总是伸出右手注视，开始有点儿对眼。

仍喜欢看爷爷床旁墙上的小灯和挂历，注视时总要笑。有时对着墙上的东西发出各种声音。

最近洗澡时间改在下午 6 点左右，洗澡后吃奶，睡觉。

昨天夜里睡的时间较长，早上 5 点左右醒来便不肯再睡。今天洗澡后未吃奶就睡着了（因白天睡得太少），但睡一会儿就惊醒大哭。他的手被妈妈按着，不能乱动，又睡着了。这样一连好几次。

1983 年 2 月 23 日（3 个月 16 天）

胃口仍不大好，容易哭，白天睡不长。

以前总喜欢大人抱着他走动，东看西看。最近常常看见一件东西就注视一会儿，停止不动。对他笑笑，或发出声音，他也能注意，开始能集中注意力观察一件东西。

今天洗澡时，两腿用力蹬长澡盆的一端（以前也这样做），用力特别大，把水都溅到外边，很高兴。本来哭着，不耐烦，一脱衣服就不哭了，等着洗澡。

左手有时也能举着，但拿、抓、握的力量和耐力都不如右手。

1983 年 2 月 25 日（3 个月 18 天）

今天早上起床后很高兴（已睡足），躺在爷爷床上两手交叉着玩儿。爸爸给他照相，他注视着照相机和人，既不活动，也不抬手。费了很大劲才照了两张，还照了一张右手举着"铃圈"的相。

中午睡醒后，抱了他一会儿。把他放在爷爷床上，他便对着奶奶说个不停，发出几种不同的声音，而且声音很大，很高兴。

最近能自己从侧卧翻向平卧。

以前躺着自己玩儿时，常将食指竖起放在嘴里，现在已能将大拇指伸进嘴里，吃得津津有味。

睡前仍要大哭。白天可以在小车里躺着，有人来回推着小车便能睡着，但也要先哭一阵。

自己躺着不耐烦，要找人时，就发出大声。

用玩具的声音引起他的注意，或对他说说话，可以使他暂停哭，但不久又哭起来。

喝牛奶时可以两手扶住奶瓶，但不稳定。

1983 年 2 月 28 日（3 个月 21 天）

夜里睡得很不安宁，这两天日夜睡眠都不长，睡一会儿就要醒来哭。总喜欢伸舌头舔东西。

前两天不肯吃妈妈的奶，这两天又不肯喝牛奶。只喜欢吃鸡蛋羹(加盐)，不喜欢吃钙片。见到喜欢吃的东西就张大嘴，吃完了还嫌不够。见到不喜欢吃的东西就紧闭着嘴不吃，或吞进去后又用舌头顶出来。

仍喜欢洗澡，哭时，只要给他脱衣服，就安静了。到了澡盆里一声不响，眼睛注视着给他洗澡的妈妈，过一会儿两脚用力蹬澡盆，很高兴。

今天白天睡得很少，晚上洗澡后仍不睡。吃奶只吃几口就哭起来。哭得太厉害了，又累又困，最后还是喝了些牛奶，长时间大哭后才入睡。夜里睡得很好。

这几天喜欢两手交叉着玩儿并盯着看，或吃右手大拇指，也先注视着手指。左手也能举起或拿起玩具，但很快就又放下了。碰到玩具，自己可以抓握住。

1983 年 3 月 2 日（3 个月 23 天）

今天万方老师来看了他，认为他只是轻度缺钙。但最近吃鱼肝油过多，可能会引起兴奋不睡的情况。

昨天到姥姥家去，白天又睡了很长时间。

最近听见声音或有人对着他时，总是大声说个不停。能发出几种不同的声音。想要人抱时，总会边说边扭身子。

这两天不大吃手，除两手交叉着玩儿之外，两手总是用力抓或揪被子，有时揪着被子把脸都盖上了。

又不爱喝牛奶了，看见钙片和水也是紧闭着嘴。吃苹果和蛋黄时就张大嘴，勺子还未到嘴边，就张开嘴。

喜欢洗脸，用纱布给他擦脸时张嘴等待，很舒服的样子。

1983 年 3 月 5 日（3 个月 26 天）

昨天白天整天不睡，又哭，也不好好吃。今天上午仍不好好睡（夜里也睡得很少），可能是天气太热，他仍穿着棉袄、棉裤，中午换成了夹袄、绒单裤，下午睡得好些。

最近手里一拿起什么东西（玩具等），总要放在面前注视。但还不会玩儿，主要是动手和看手。早上醒来时是最高兴的时候，能自己躺着玩儿 1～2 小时。听见广播的音乐或讲话就很安静。时间长了就出声叫人。

对他说话时重复同样的声音和动作，会引他发笑。他自己玩儿手，也会重复多次左右看。

1983 年 3 月 7 日（4 个月）

昨天趴在桌子上照了彩色相（图 7）。

图 7　雷昊 4 个月

昨天晚上睡得早，今天 4 点就醒了，要玩儿。白天睡得较多，因而哭得较少。

这两天已经能主动地去抓玩具。以前是手碰到玩具时才抓起来，现在是看见了就要抓。前两天有些抓不准，这两天已能抓起来。拿到手后总是举起来看着，有时还要放到嘴里吃。

以前总是两个手臂一起挥动，最近可以一只手单独拿着东西玩儿，两腿也可以不同时乱动。

晚上洗澡时又照了几张黑白相片。今天洗澡时特别活跃，两腿蹬着澡盆，很高兴。

今天睡的时间较长，情绪较好，但还不愿喝牛奶。

🖋 **1983 年 3 月 9 日（4 个月 2 天）**

妈妈把红色小球挂在他的胸前，他开始用右手去碰球，球动了，很高兴，继续玩，前后约 1 小时。看见东西就伸手，但还不够准确。

最近经常右手拿玩具，举到眼前注视，然后放进嘴里，吃不着就再注视。

听见有人说话或音乐声，也跟着发声，能发长声。

清早醒后自己出声，牙牙学语，说了很长时间，情绪也很好。

和妈妈比和别人更亲些。

常常用眼睛盯着一处许久不动，但不知他在注视什么。

🖋 **1983 年 3 月 16 日（4 个月 9 天）**

从昨天起精神不太好，不想吃，抱着才能睡，好像有些不舒服。

遇到不高兴或不喜欢的事时就发出大声，发出"eng"的声音。常常发出"pu"的声音，不吃的时候也发出"pu"的声音。

💬 4 个月婴儿大肌肉动作发展的一个显著表现就是俯卧抬头，他们已经能够用前臂支撑起上身，并抬头至 90 度。照片上的昊昊看起来已经能够很熟练地进行这个动作了。

💬 手和嘴是这个阶段婴儿认识世界的基本工具。

💬 充足的睡眠对于婴儿来说是非常重要的。4 个月左右的婴儿每天的睡眠时间应当在 13～18 小时。由于睡得较好，昊昊一天的情绪都很好，洗澡时还有活跃的表现。

💬 4 个月左右的婴儿已经能够区分亲人和陌生人。对于和自己朝夕相处的妈妈，已经表现出特别亲近的态度。

右手拿着玩具晃动时，左手也跟着动。面对挂着的大球可以用两手去碰，躺着时仍是四肢一起动。没东西玩儿时就两手抓被子，直到把脸都盖上，不然就是玩儿两手，或头左右转着。有时长久不动地注视，但不知在看什么(图8)。

图 8　雷昊 4 个月 9 天

仍很喜欢洗脸、洗澡，烦躁时只要洗脸就会安静下来，张开口等着，很高兴。洗澡前只要一开始脱衣服就会安静下来。在澡盆里注视着妈妈，两腿踢动打水，很舒服的样子。

1983 年 3 月 19 日（4 个月 12 天）

这两天有点感冒，爱哭，可能因室内停了暖气，着了凉，食欲不太好。

看见面前的东西会伸手。躺着时，常常左右转头注视某件东西，或转向声音的来处。吃奶时，两手经常动，妨碍吃奶。不好好吃奶，吃一会儿就玩儿起来，常常两手交叉着玩儿。左手拿着摇棒，有时转到右手，或两手拿着玩儿、啃。

以前塑料鹰在旁边，他只是注视，现在总要动手去抓。看见人脸时则兴奋，或要抱。

☞ 昊昊的手眼协调能力和抓握能力开始发展，但是准确性还比较差。

抱着他走动时，他不像以前那么安静，总表现出有要求，要去抓东西或看什么，有时还出声"逗人说笑"。

头发后面有一圈秃，是否缺钙还不清楚。

拿着玩具总要放进嘴里，没有玩具就吃手，吃不着就着急。

有人对着他说话时，他能安静地听，表示高兴，眼珠跟着人脸转动。

☞ 昊昊出现了"枕秃"的问题，很多婴儿都会出现这样的问题。"枕秃"的原因是多方面的，有些可能是缺钙，有些可能是皮肤问题，有些可能是出汗太多。

☞ 能够安静地听人讲话，眼珠跟着人脸转动，和说话的人有目光对视，说明昊昊的视觉、听觉及相应的神经系统发育正常，他在积极调动自己的身体认识世界、融入世界。

1983 年 3 月 22 日（4 个月 15 天）

上午去校医院打针，白天有些闹。平常用右手拿玩具，吃右手，左手拿着玩具时，右手也要帮忙，偶尔还把玩具从左手转到右手中。今天右臂不大能动（因打针），左手显得灵活些，也常吃左手。

手里拿到玩具时总要送到嘴里去咬，咬不到（或玩具太大）就着急。

用玩具制造声音或对他说话可以转移他的注意力，使他转哭为笑。

1983 年 3 月 24 日（4 个月 17 天）

这两天又爱哭闹，不能入睡。有时大声连续出声，好像在说话。有要求时用力出声，更活跃些。总要东看西看，或用手摆弄东西往嘴里放，放不进去就着急。

吃了一次菠菜，很喜欢吃，见了爱吃的东西就张大嘴。喂他钙片时仍是紧闭着嘴或向外吐。

两手的力气很大，常常用力抓东西，或用力拉。两手总是交叉着玩儿，然后把右手送进嘴里吃手指。用两手摆弄塑料猴子、橡皮鹿……撞在脸上也不在乎。

高兴时或有要求时，便连续出声，"啊，啊"地说个不停。特别是每天早上大声说很长时间。

大便时，喜欢被把着拉在盆里。

☞ 昊昊会用"啊，啊"的声音表达自己的情绪和要求，这是他主动学说话的表现。

喜欢注视一件东西，目不转睛。

自己躺着能玩儿玩具，时间较长。

1983 年 3 月 30 日（4 个月 23 天）

这几天又不肯用奶瓶喝奶，总要吃妈妈的奶，在妈妈怀里才能入睡。能吃胡萝卜、菠菜、粥、蛋黄、苹果……就是不爱吃钙片。

大便最近一直正常。

有人扶着能坐一会儿，在澡盆里坐着用手扶着澡盆边，看着旁边的书，不愿躺下。

想翻身，仍翻不过去，常常由直躺变成斜躺。

没事就吃手指，玩具也要放到嘴里去舔。

会用手去抓眼前的东西，但不一定能抓到。拿起后总是先放在眼前看，然后放进嘴里吃。

最近有要求时的表示不再是哭，而是大声喊叫，或连续不停地出声，好似说话。

☞ 昊昊已经 4 个多月了，还不会翻身，难道有什么问题吗？其实每个婴儿的发展都是有差异的。所谓"三翻、六坐、八爬"只是大致的发展规律，并不是说每个婴儿都要严格地按照这个时间顺序来发展，所以并不需要担心，只要安静地观察和等待就可以了。

1983 年 4 月 7 日（5 个月）

体重已达 16 斤 3 两。

听别人说话常常出声应和，听见别人唱歌也想模仿。

开始喜欢在被竖着抱时两脚蹬跳，右脚的力量大些。常常只用右脚跳，跳的时候非常高兴。

一两天睡得多，一两天又睡得少。

最近吃得较少，仍不愿喝奶瓶的奶。用勺喂时能吃一点儿。睡觉仍困难，睡的时间也不长。

☞ 身高（长）、体重、头围是衡量儿童生长发育是否正常的重要指标。根据我国颁布的关于 7 岁以下儿童生长发育的相关标准，可以看出昊昊的体重正常。

能靠着枕头自己坐着玩儿，躺着时可以玩儿很长时间塑料小鹿（图9）。玩儿小的玩具时，小的玩具常常掉在旁边，自己够不着就着急。玩具遮盖了眼睛时，虽然急，但还能慢慢拿开。

图9　雷昊5个月

由于前些天经常玩儿塑料小鹿、小猴，未拿摇棒，今天重新给他摇棒，他有点儿不会抓握，只是伸着手却抓不住。

用奶瓶喝奶时两手经常"干扰"，可能是想自己抱住奶瓶，但实际上反而会将奶瓶打偏。

1983年4月10日（5个月3天）

连续玩儿了一两天摇棒，又会抓了，时常放在嘴里舔，能玩儿较长时间。

洗澡时更不安静了，两腿打水，像蛙泳，弄得到处都是水。洗头也较费事了。

到户外晒太阳时，两眼仍不停地看，眼睛总是追踪一件东西，爱看骑车的人。

注视某个地方，看到墙上的画就要笑，每次再看时仍要笑。

最近常常连续不停地说出声或笑出声，自己很高兴。

☞ 昊昊已经出现了社会性微笑，他会对自己喜欢的人、喜欢的事物表现出更多的微笑，这是他情绪愉悦的直接表现。

能自己拿起来身边的或身上的玩具。

不会自己靠着坐，每次把他放在靠枕上坐着，就自己往下溜，也像是在玩儿。

常常捏塑料小鹿和小猴，捏一下响一下，能用右手连续捏着玩儿（图10）。玩具遮住脸时，觉得好玩儿，会大声叫。

图10　雷昊5个月3天

1983 年 4 月 16 日（5 个月 9 天）

昨天中午去姥姥家，感到环境新鲜，兴奋，不肯睡。今天早上回来后很高兴，上午连睡两次，下午不肯睡，晚上睡得很早。

能躺着玩儿玩具，时间较长。会用手捏塑料动物玩具出声，连续地捏着玩儿。

没有玩具时，用两手互相玩弄，再不然就吃手。

仍喜欢在人身上踮着脚尖跳，伤心或生气时，只要能立起来跳就高兴起来。

仍不会翻身，有大人帮助时，一拉手就能自己坐起来。躺着的时候，如果脚下有东西（枕头、被子或大人的腿）就蹬起来，很喜欢这种动作。

白天睡觉比以前容易，困时将假奶头放在嘴里能渐渐入睡（在小车

☞ 玩儿手是 5 个多月婴儿典型的动作表现之一。昊昊在没有玩具的时候，自然而然就把自己的小手当成了玩具，边玩儿边吃起来，这是他探索自己身体、认识自己身体的表现。

☞ 5 个多月的婴儿已经在为能够独自"坐"做准备了，昊昊的表现是这个阶段婴儿"坐"的典型形态。但是，5 个多月婴儿的脊椎发育还不成熟，需要靠着枕头等支撑物，或是成人帮助支撑，且每次不能坐太长时间，否则会影响他们脊椎的正常发育。如果看护不当，还会导致危险发生。

上睡）。睡得好时，醒来很安静。如果是被吵醒的，则会哭或不耐烦。

没事时自己常常大声"唱"，着急时也出大声，好像说唱。

1983 年 4 月 20 日（5 个月 13 天）

最近喜欢"藏闷儿"，给他一块手巾或围嘴，他会用来遮在脸上，高兴地叫，等着人把它拿开，和他说声"闷儿"，他就大笑。偶尔自己也能把它拿下来，然后又放在脸上。

这两天早上或夜间醒来都要大说大唱，"啊"地叫个不停。一个人玩儿时也常如此。

两个脚蹬的力量很大，不停地蹬。如果脚下有东西，蹬得就更有力。只是左脚有些向外偏，右脚蹬力较大。被直立抱着时，多用右脚蹬。

哭时或不高兴时，有了玩具，或看见人就会安静下来。有人和他说说话，也能安静一会儿。

早上在屋子里玩儿够了，就要出屋子。被抱到房门口时，见门微开着，自己能用手拨开门到爷爷奶奶房间里玩儿。最喜欢在户外，看见人、车或各种活动的物体，两眼不停地追踪。困了或饿了的时候就要回自己的房间。

上午吃、睡较容易，很快入睡（在小车上）。下午及晚上则有时哭闹，要吃妈妈的奶才肯睡。

看见熟人总是笑，也肯让不太熟的人抱，但会注视对方很久，不笑。

1983 年 4 月 22 日（5 个月 15 天）

今天打了预防小儿麻痹的针，左臂不舒服，不动。平时总是两手抱着或拿着玩具玩儿，今天左手不能拿，一只手又拿不好。

☞"藏闷儿"游戏其实就是我们常常说的"藏猫猫"游戏，这个游戏可是一款风靡全球、跨越了不同种族和文化的有趣游戏。除了昊昊爱玩儿的这种形式，这个游戏还有其他多种形式。它有助于婴幼儿建立客体永久性，让他们知道，遮挡起来的物品不是消失了，只是被挡住了，只要拿开遮挡物，物品就会再次出现，有助于他们深入认识这个世界，同时更加信任这个世界。

☞很多婴儿都非常喜欢到户外去玩耍，昊昊也不例外。相对于室内，户外的空气更加新鲜，环境更加宽广，能够带给婴儿非常不同的感受，同时还能补钙。

☞5 个多月的婴儿开始能够从声音、表情、语言、气味等不同的方面去区分熟悉的人和陌生人，但是还不能将这些因素进行整合，还不能从整体上认识熟悉的人。

下午发现有点儿低烧，一直不高兴，不肯自己玩儿，要人抱。

能靠着枕头坐，但身子总是向前倾，有时向两边歪。有时喜欢向下溜着玩儿，变成躺着的姿势。

喜欢被人从腋下抱着蹦跳，甚至可以站很短的时间。

能立刻抓起身边或身上的东西，两手玩弄。然后注视并放在嘴里。碰不到的东西，如果看见就想伸手拿，但抓不准。

手里有一个玩具，再给他一个放在另一只手里时，他就会把原来的放下。

以前有人离他很近时就微笑，现在会注视距离 4～5 米远的人，有时微笑。

● 5 个多月的婴儿已经能够看清楚距离四五米的物体了。视觉的发展为他们打开了一扇大门，促使他们去探索更加广阔的外部世界。

1983 年 4 月 26 日（5 个月 19 天）

为了使他白天不吃妈妈的奶，一整天都喂他牛奶。他一开始都不肯喝，哭闹。坚持一阵，等饿急了，就喝了牛奶。但喝到一定量时就不愿喝了。

晚饭时妈妈外出吃饭，他很烦躁，要找妈妈。奶奶把他放在小车上，拍拍他，用假奶头都无效，最后还是抱抱他，和他玩儿了一阵才好。妈妈回来后给他洗澡（很高兴），穿衣时他又哭，用玩具吸引了他的注意，他笑了。穿好衣服，赶忙急着吃妈妈的奶。

扶着他坐起来时，他看着自己的脚和盖在腿上的被子，感到新鲜。但坐一会儿就自动往后躺，可能是感到累了。坐着时，看见面前的玩具想抓但抓不到。躺下时，大人把玩具拿到他面前，他很快能用两手同时抓住。

喝奶或吃其他食物时，两手总要乱动，打掉奶瓶或勺子。喜欢抱着奶瓶看（当作玩具）。必须手里拿个玩具或有人握着他的手时，他才能安静地吃。

● 昊昊对妈妈的依恋越来越强烈了，这正是亲子依恋牢牢建立的表现。

1983 年 5 月 1 日（5 个月 24 天）

一个人玩儿时，常大声"啊，啊"地说个不停，又像在唱歌（拉长声）。看见人时说，对着玩具小猴、小狗、大鹿时也说。但如果手里拿着摇棒、手铃等玩具时便不出声。

最近一戴上帽子，就知道是要出门，如果走到房门口又转回来就急得哭。最喜欢出门，在外边看各种事物，注视每辆经过的自行车，直到看不见为止。

又不大爱吃苹果了，喜欢吃咸的，不喜欢吃太甜的。把高干粉和牛奶分开吃，就吃得好些，前些天混合在一起时，不爱吃。

睡前仍要吃妈妈的奶，对假奶头表示拒绝。有时必须要人抱着才能睡着。

睡醒要小便时总要哭一阵。如果妈妈抱起他来拍拍，或喂点奶，他就能继续睡。

由于妈妈每天早上帮他做被动操时，纠正他左脚向外偏的倾向，现在已经把他纠正过来了。从两腋下扶他直立时，他仍用脚尖着地用力跳，最喜欢这一动作。

1983 年 5 月 3 日（5 个月 26 天）

这两天洗澡喜欢直挺起身子离开水玩儿。有时侧身看旁边书架上的东西（图 11）。洗澡后睡得较好。

最喜欢玩儿手镯式的小圈。小圈上面带有铃铛，他总要把铃铛转到靠近嘴的地方，然后用嘴啃。拿别的玩具给他换时就哭，不高兴（图 12）。

☞ 昊昊的妈妈非常关注昊昊的动作发展，借助科学的婴儿体操有效地帮助昊昊纠正了不良的身体动作。从前面的描述中，可以看出昊昊有很多喜欢做的大肌肉动作，如蹲、跳、站立等。这都表明他的大肌肉动作在渐渐发展，在为以后更加复杂和高水平的大肌肉动作做准备。

☞ 在几十年前，昊昊的家人就常常为他洗澡，帮助他从小养成爱洗澡的习惯，这真是一件很棒的事情，也反映了卢先生一家人科学的育儿理念。前面也多次描述了昊昊洗澡时的表现，可以看出他非常享受洗澡这个过程。相信所有的婴儿都是如此。

图 11 洗澡时看着书架

图 12 玩儿手镯式的小圈

被扶着坐时仍对自己的脚看个不停，但仍不能独立地坐。

自己躺着能玩儿较长时间，只要看见有人来就把玩具扔掉，挺起肚子，扭头笑，让人抱。

被陌生人抱着，开始时无所谓，时间久了就不高兴。但如果抱他走一走，动一动，他就又笑了。

一般见到成人(特别是熟人)就会笑，成人对他笑时他也笑。成人表情严肃时，他会注视而不笑。

现在拿着玩具会抓弄和观察，而不是放在嘴里啃。

1983 年 5 月 7 日（6 个月）

体重已有 17 斤半。

仍不会翻身，但自己躺着时常常向侧面倾斜，只是翻不过去。帮助他侧身躺着时，他能坚持一会儿，很快又平躺过来。

妈妈今天开始上班，白天饿急了肯喝牛奶，上午睡得较好，下午玩儿够了，又困又饿时很不安定。想找妈妈，爱哭闹。下午见妈妈下班回来，兴奋得很，手舞足蹈地笑个不停。

玩具被拿走时会大哭。常常把玩具从一只手递到另一只手。被大人扶着时，身子仍向前倾，注视自己的脚，但还是拿不准面前的玩具。躺

6 个月时，昊昊已经能够熟练地"倒手"了。可不要小看"倒手"这个动作，这一动作的习得和熟练是婴儿手眼协调能力和精细动作能力发展的重要标志，意味着婴儿的大脑功能进一步发展和分化，开始能够更好地控制自己的胳膊和手，他们正在变得越来越聪明，越来越能干。

着时能很快用两手抱、抓起旁边的玩具，然后用一只手高举起来。

对着喜欢的东西时，或者睡够了醒来时，又或者一个人躺着高兴时，都会大声"啊，啊"地说，又像唱。着急时或希望有人来时，也会尖声喊叫。

1983 年 5 月 12 日（6 个月 5 天）

早上妈妈送他到姥姥家住一晚。

在姥姥家很高兴，能睡觉，觉得很新鲜。姥姥在他睡着时，给他剃了头（因他着急时总要揪自己的头发，揪疼了又哭）。

看见陌生人愿意让人家抱，也高兴，但时间稍长，等到仔细注视陌生人的脸后便开始不高兴或哭。

1983 年 5 月 14 日（6 个月 7 天）

最近不再把手里拿着的玩具放进嘴里，而是观察、摆弄玩具，有时对着玩具说个不停。

被大人扶着坐起时，向前面看自己的脚和坐着的垫子或床单，并用手捏、抓。

从腋下被扶着直立时，能双脚齐跳或一只脚一只脚地跳。

两三天未用长澡盆洗澡，今天看见长澡盆特别高兴，洗澡时特别活跃，两脚两手乱动，弄得到处都是水。

一见妈妈就高兴，妈妈去洗手未抱他，他就急得哭。见了妈妈就不肯喝牛奶。

能用手（右手）拿一块"威乐"放进嘴里吃。

躺着时能自己转身去看身旁的玩具，并试图去拿。如果位置合适，就能拿到。

👉"啊，啊"的声音在昊昊 4 个多月时就开始出现了；5 个月时更是频繁出现；到了 6 个月时，"啊，啊"得更加熟练了。而且，还出现了有意识的尖叫，这种尖叫不同于哭声，是昊昊语言发展的一种表现，他试图通过尖叫来表达自己，主动发起与他人的交流和互动。

早上起来在床上和妈妈玩儿很久。等到他不耐烦时，奶奶就把他抱到爷爷奶奶屋子里，他也很高兴。

1983 年 5 月 16 日（6 个月 9 天）

最近妈妈不在家，白天还比较容易睡觉，只是见了妈妈就要闹。晚上睡觉前也要哭一阵，越是困得厉害，越要闹。还是不能自己入睡，需要有人抱着睡。

这两天开始喜欢抱着人的脸亲或用嘴啃、用舌头舔人的脸。

喜欢听人对着他讲话，安静地笑着。

自己能玩儿较长时间，找不着玩具时大声"啊，啊"，像是在叫人。自己能再拿起来掉在身旁的玩具。

喜欢和人"藏闷儿"，逗着笑，乐此不疲。仍喜欢把一块布、被子或塑料纸盖在脸上，再拿开，觉得好玩儿。

睡觉睡得好，醒来就不哭，并能玩儿较长时间。睡不够时就要哭闹，或要人抱。

☞ 能够安静地听别人对他讲话，说明昊昊在主动地发展着自己的倾听能力。语言能力的发展包含倾听和表达两个方面，代表语言的输入和输出。只有把这两个方面很好地结合起来，婴儿的语言能力才能得到良好的发展。

1983 年 5 月 20 日（6 个月 13 天）

昨天早上又去姥姥家，到那里哭着闹着，过了许久才睡。晚上又大哭。第二天较适应，白天睡得较多。今天下午回家。

近来喜欢抱着人的脸亲，还用舌头舔人的脸，再用力抓住人的头发或脸(图 13)。

常常高声"唱"，又像说话。好像在考虑怎样出声，然后连续出大声。

如果看见妈妈走开而不是立刻抱他，就要哭。

现在哭起来总是很伤心的样子，不停流眼泪。

图 13　用力抓住爷爷的脸

已能用各种不同的声音表达意见，高兴时，"向人叙述"时，着急时，"诉苦"时……发出的声音都不一样。

✒ 1983 年 5 月 24 日（6 个月 17 天）

今天打预防针又哭得厉害。妈妈请了半天假，上午回来看他。下午跟着高奶奶，很听话。

最近妈妈喂他牛奶仍不好好喝，别人喂时就吃得很痛快。

自己靠着垫子能独立坐一会儿，但很快又溜下去躺着玩儿。还不太会翻身，但只要有人帮扶，他就很快能翻着起来。

看见面前有东西就伸手去抓，虽然不是很准确，但能慢慢抓住。

✒ 1983 年 5 月 30 日（6 个月 23 天）

这两天天气突然很热，他情绪不好，总是不安定。有时急得大叫，不爱吃，不肯睡。总是要人抱，一被放下就哭，日夜都睡得很少。

喜欢洗澡，自己坐在澡盆里，两手扶着盆边（图 14）。

💬 昊昊的语言能力很明显地在突飞猛进地发展着，他能够进一步分辨不同的语音，并且能够根据不同情况有选择地发出不同的语音，这正是 6 个多月婴儿语言能力发展的典型表现。

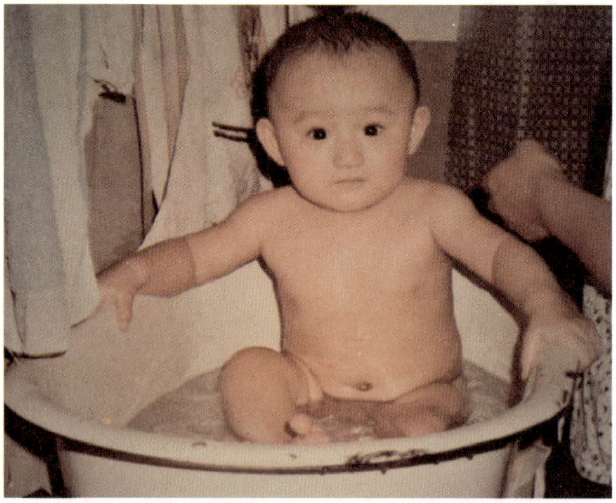

图14　喜欢洗澡，自己坐在澡盆里，两手扶着盆边

☞ 自然环境的变化不但会影响成人，也会影响婴儿。炎热的天气也给昊昊带来了不舒服的体验，而成人及时适宜的照料，如给他洗澡、少穿衣服等，又帮助他很好地缓解了这种不适，让他很快地适应了环境。

☞ 假咳嗽、喜欢别人逗他玩儿、到户外时两眼不停看、能够将词汇"灯灯"和卧室的红灯相对应，都说明了昊昊认知能力的飞速发展。生活当中充满了教育和学习的契机，耐心细致的养育能够帮助婴儿更好地成长与发展。

☞ 昊昊能够准确地把水放到嘴里，喝到水，这反映了他神经系统和精细动作能力的进一步发展。

因天热给他穿得很少，他可能认为是要洗澡，脱了衣服，所以很兴奋，安定不下来。

常常假咳嗽，引人注意。

下面中间的牙已出现。

喜欢别人反复和他逗着玩儿。

无事时躺着玩儿两手。

到户外时特别安静，两眼不停地看。

一听到有人说"灯灯"，就看向卧室内的红灯。

 1983年6月1日（6个月25天）

今天坐在小车里，两手扶着旁边的栏杆，可以独自坐着（图15）。累了就向后一仰靠在垫子上。

今天两手抱着水瓶，很快就放进嘴里喝起水来。以前也会抱着水瓶或奶瓶玩儿，有时碰巧放到嘴里，有时只是啃瓶子底，并不能把奶嘴直接放进嘴里。

图 15　坐在小车里

近来不好好喝牛奶，总想着吃妈妈的奶。

远远看见妈妈，如果妈妈未过来抱他，就大哭。

能坐着玩儿一会儿，但坐不稳。坐着时不爱玩儿玩具，也不怎么拿前面放着的玩具，只是看着自己的脚，要去抓脚或坐垫、床单。

喜欢玩儿大人的手。

最近玩儿玩具时，不大放在嘴里，但拿到饼干等吃的东西就往嘴里放。

1983 年 6 月 7 日（7 个月）

近来自己空手能抓挠，由于经常抓玩具，手常常一握一松。

有人对着他唱歌或说话时，他能安静地听，微笑着。只要躺着双手玩儿玩具，两脚就要用力蹬。

最近洗澡时经常坐着，两手紧紧抓住盆边或人，喜欢在水里蹬脚。

现在能自己坐在大床上，但有些胆小，两手扶着大床，身体向前倾。但如果拿到玩具时就直起身子玩起来。

坐着时注意并把玩自己的脚。躺着时如果没有玩具，也玩儿自己的脚。

远远看见妈妈，或听见妈妈说话的声音就闹，要妈妈抱。

☞ 7 个月左右的婴儿，手臂、躯干和腿部的肌肉力量明显增强，蹬腿、紧抓、想站起来、翻身、扶坐等都是他们大肌肉动作发展的信号。

最近仍不愿意喝牛奶，见了妈妈就要吃奶。吃得并不多，只是喜欢被妈妈抱着吃奶，边吃边玩儿。

🖋 1983 年 6 月 11 日（7 个月 4 天）

前两天在姥姥家睡得很多，白天睡 5～6 小时。姥姥给他剃头、洗头，他都不醒。回到家里就比较兴奋，白天入睡较难。

只肯喝少量牛奶，然后就不肯再喝，一定要吃妈妈的奶。见了奶瓶、水瓶就想抱着玩儿，不肯喝。

下午周俐君老师来逗他玩儿，平时他用两手同时拿一件东西，今天用两手同时抓住两根带子，玩得很高兴。

看见什么新鲜东西都要去拿。今天看见大蒲扇觉得新鲜，就不要玩具了，只要大薄扇。

困和饿的时候常常不耐烦或哭闹，困时常揉眼睛，饿时常把手放到嘴里。不想吃时，如果喂他吃，也要发脾气。

坐公共汽车已经不哭了。

> ☞ 婴儿的行为往往会出乎大人的意料，会去玩儿自己的脚，玩儿坐垫和床单等成人看来根本不是玩具的物品。可见，生活当中的各种事物在他们眼中都是探索和游戏的对象，婴儿有他们自己的世界。

🖋 1983 年 6 月 12 日（7 个月 5 天）

今天称了一下体重，19 斤。

自己能独自坐着玩儿，但仍胆小，两手扶着床，身子向前倾。拿玩具时常常另一只手还扶着床(图 16)。

喜欢玩儿自己的脚，躺着时经常把脚放在嘴里。

坐累了常常向旁边倒，呈趴着的姿势。偶尔能翻身，但不灵活，翻不了时就着急。

下面仍然只有一颗牙。

图 16　拿玩具时另一只手还扶着床

昊昊"坐"的能力进一步发展了，他显然属于比较谨慎的孩子，在练习新的动作时小心翼翼地进行自我调节，让自己处于一种能够安全地进行探索的最佳状态。

面对不肯吃的东西紧闭着嘴，或往外吐。最近不肯喝牛奶、吃西红柿，也不大爱喝白水，更不喝橘子水，但喜欢吃鸡蛋羹。妈妈喂他鸡蛋羹，他就张大口，换成一勺西红柿时就立刻闭上嘴。最后妈妈只好把西红柿放在鸡蛋的下面，他才吃了几口。把香蕉切成小块喂他，他边吃边吐。拿着黄瓜自己能啃，但咬下的块儿大一些时就吐出来。

婴儿从 6 个月开始，就要添加辅食了。这是因为纯粹的母乳喂养已经不能充分满足他们的营养需求了。同时，他们的牙齿开始萌出，消化系统也更加成熟，需要增强咀嚼、吞咽、消化等功能，促进胃肠道菌群形成。

1983 年 6 月 13 日（7 个月 6 天）

下面仍旧只有一颗牙。

对周围的事物仍很感兴趣，东看西看，常常目不转睛看一件东西。

这几天妈妈因腰疼在家休息，他更离不开妈妈了。仍不肯好好喝牛奶，妈妈假装喂奶，换用奶瓶塞到他嘴里，他仍哭闹不肯喝。

今天白天睡得多，晚上很精神，学会把手放在嘴里，哇哇地出声，唠唠叨叨地"说"个不停。好像一要出声就必须先把手放在嘴里，然后手动来动去，发出"啊，吾，妈，姆，卜，奥，嗯，那，拉，哇"各种不同的声音，并拉长声。

很明显，7 个多月的昊昊语言能力有了进一步的发展，能把元音和辅音很好地进行组合了，发出更多在成人听起来有意义的音节。这正是 7 个月左右婴儿语言发展的一个显著特点，说明他们正在学习语言，在为将来很好地表达和交流做准备。

✒ **1983 年 6 月 15 日（7 个月 8 天）**

最近常常练习发出不同的声音，好像在连续地说话，叙述些什么。着急或叫人时便大声喊叫。

坐的时间可以长一些，还可以坐着玩儿玩具。但有时玩儿着玩儿着就坐不稳，倒下去了（直躺或歪下去躺在床上）。

喜欢的玩具如果被人拿走，就要大哭。总希望妈妈抱，看见妈妈或听见妈妈的声音但妈妈没有抱他时，他也要大哭。

喜欢吃带咸味的粥、面条、豆腐。今天坐在大人吃饭的桌前（妈妈抱着），自己拿着一大根鸡骨头吃得津津有味，很高兴。

仍不会自己翻身。

☞ 哭是婴儿与成人交流、传递信息、相互了解、建立联系的重要方式。昊昊通过哭来表达自己的不适、不满，并以哭声吸引妈妈或挽留妈妈。面对这种现象，家长需要仔细倾听和辨认孩子不同的哭声，更清晰地识别他所表达的意思。

✒ **1983 年 6 月 20 日（7 个月 13 天）**

近来仍喜欢连续不断地发声，或是"高声唱"。

入睡仍很困难，越是困了越要哭，睡不着。

昨晚妈妈的床上挂了帐子（图 17），夜里醒来感到新鲜，虽然困，但不肯睡。

☞ 昊昊虽看似是在说话，但这仍属于前言语阶段的发音现象。

图 17　在帐子里面玩

自己独自坐着能玩儿玩具，但总是有些胆小。躺着时，两腿总是不停地敲打床。

吃东西时，总要抢抓瓶子、勺、碗，不给他就哭。拿到碗、瓶子就抱着不放，用嘴啃碗底、瓶底。

仍只喝白水，喜欢吃鸡蛋羹、鸡蛋黄、有咸味的面条，不喜欢西瓜水、橘子水等。只要不愿意吃、喝时，嘴就闭得紧紧的，或用手打翻食物。

💭 这一系列行为体现了昊昊对外界事物的触觉探索活动，包括手的触觉和口腔的触觉两个过程。用手去抢抓瓶子、勺、碗，表明他的视觉与触觉协调起来之后出现了够物行为。用嘴啃碗底、瓶底，是婴儿的口腔触觉探索活动，是婴儿非常重要的一种学习方式。

💭 婴儿的味觉是非常敏锐的。随着对多种味道的感知，昊昊已经表现出了对某些味道的偏好，而且表现出了初步的自我意识，开始用动作表达自己的想法。

🖋 1983 年 6 月 25 日（7 个月 18 天）

上午开始拉稀，但吃饭还好。到晚上肚子仍不舒服，不知是着凉感冒还是吃东西不消化，夜里开始发烧。

下面已长出第二颗牙。

🖋 1983 年 6 月 26 日（7 个月 19 天）

全天不安静，时常哭闹。仍然发烧，拉稀，可能是着凉了。

🖋 1983 年 6 月 27 日（7 个月 20 天）

夜里仍不舒服，清晨被送到姥姥家，在那里住到 7 月 2 日。

🖋 1983 年 7 月 2 日（7 个月 25 天）

已不发烧了，但全身起了小疹子，仍有点儿拉稀。

晚上回到家里，对一切都感到生疏，只要妈妈抱，到处张望。别人抱着过一会儿就哭起来，不如以前有精神。

1983 年 7 月 3 日（7 个月 26 天）

对家里的人已恢复熟悉，白天睡得较好。仍然恋妈妈，被妈妈抱了之后，先是抱着妈妈的脸亲，然后盯着妈妈的胸部（找吃的），再就是横躺在妈妈怀里，隔着衣服要吃奶。

最近经常吃妈妈的奶，别的东西吃得很少。今晚开始喝了整瓶的牛奶。

坐着时仍很小心，两手扶着床。玩儿玩具时身子向前倾，累了就向后躺。

以前被人抱着的时候，只是注视各种东西，现在则是要动手去抓，什么都想摸一摸，动一动。

远远看见妈妈，就闹着要妈妈，有时还喊"姆妈"，发出着急的声音。

脸上、身上出了小疹子，仍有些拉稀。今天严家五舅婆来了，说这是小儿急疹，她的孙子也得了这个病，不太要紧。

*昊昊的视觉与触觉的协调能力逐步发展起来，出现了有意识地根据视觉信息指导自己去抓、摸一摸、动一动的够物行为，这是这一阶段婴儿重要的探索方式。

1983 年 7 月 7 日（8 个月）

还是在姥姥家睡得较多，有时白天能连续睡 4 小时。拉肚子的情况已好转。

现在家里的大门一开，他就要出去，如果送客人，到了门口再走回来他就哭起来。

一个人坐在小车上能玩儿较长时间，坐在大床上也比较稳了。

常常想和人"说话"，大声地发出"啊，嗯"等声音。

夜里仍不肯喝牛奶，妈妈的奶又不顶时候，所以夜里要醒几次，吃几次，睡不好。

*昊昊虽然处于前言语阶段，但已经表现出了想与成人交流的愿望，并尝试通过自己发出声音来向成人表达自己的愿望。面对这种表现的婴儿时，如果成人能与婴儿积极"对话"，婴儿则会更加主动地模仿成人发出更多的声音。

1983 年 7 月 10 日（8 个月 3 天）

体重只有 18 斤，因生了一次病，又拉肚子，比上个月减了 8 两。

1983 年 7 月 15 日（8 个月 8 天）

现在趴在床上时能自己翻身平躺，躺着的时候能侧身。如果帮他一下，他就可以转身趴着，但较吃力。

最近对抓捏玩具不太感兴趣，更喜欢看周围的各种东西，并要动手去拿。很喜欢和大人在一起，听大人说话、逗乐。见了妈妈一定要妈妈抱，不肯自己玩儿。

开始会自己摇头玩儿，听到别人说"头子一个"，还不太懂，有时碰巧能有反应。

一只手抓捏玩具玩儿时，另一只手又握又张。

现在独自坐着时比较稳，也大胆，坐的时间较长（图 18）。

图 18　能独自坐着玩儿

仍喜欢出门，在外边东看西看，比较安静。看汽车时注视的时间较长。每天早上醒来玩儿很久，然后就大声叫喊，要出屋子。

叫喊的声音很大，越是着急、不耐烦，嗓门越大。

> 这些行为反映了昊昊注意力的发展。注意的一个特征是指向性，表现为心理活动具有选择性；另一个特征是集中性，表现为注视、倾听等定向活动。昊昊注意的指向性和集中性都有了初步的发展。

这是昊昊手眼动作协调初步发展的体现。用手拿着东西放到嘴里、两手抱着奶瓶自己喝奶，这些看似简单的动作对于 8 个月左右的婴儿来说并不容易，是其大脑神经系统支配多种感觉通道协调发展的表现。

对于婴儿来说，学会走路是动作发展的一个重要里程碑。在此之前，他们要相继学习从躺或趴的单一姿势到翻身、变换姿势，再到爬行、独坐、扶物站起和蹲下，再到扶手迈步、两腿交替、保持平衡等一系列动作技能。家长应给孩子提供更多的时间和机会，支持他们自主练习这些动作，而不要过早、过急地让孩子下地行走。

昊昊具有了初步的言语理解能力，能够从成人的语词中分辨和提炼出自己熟悉的语音和语义，并能迅速做出反应。

1983 年 7 月 20 日（8 个月 13 天）

最近早上醒来能翻身找妈妈或爸爸。

一只手拿着扇子，能扇得很好。

手里拿着吃的东西或水瓶会往嘴里送。可以两手抱着奶瓶自己喝奶，但一会儿就把奶瓶从嘴里拿出来玩儿奶嘴。

趴着时能转方向，有时能转 180 度，也能向后退。

翻身较以前灵活，早上醒来就向旁边翻，有时撞到墙上。躺着时总是很快就改成趴着的姿势。

最不喜欢坐着，总想站起来，有人稍微帮一下忙就能站起来，有时自己扶着椅子背也能站起来。

喜欢看自己屋子里的灯，一看见灯就笑，一听见"灯"，就向灯看去。

在户外喜欢看天上的鸟，一听见"飞飞"，就往上看。

学会了拍手（图 19）。

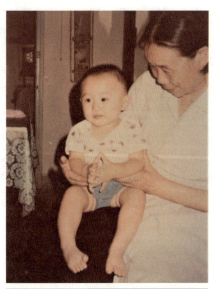

图 19　学会了拍手

1983 年 7 月 28 日（8 个月 21 天）

翻身较灵活，趴着时能转为躺着，躺着时也能转为趴着。

最近已不满足于只拿一个玩具捏来捏去，对周围的各种东西总想动一动，摸一摸。注意别人的动作，关注人们都在干什么。

能在小车里坐着玩儿（现在是把中间的板提高，腿放在下面，不是平坐在车里了）。

很喜欢看大人吃饭，总想动一动饭桌上的东西。

会把嘴噘起来，有时听到"猪猪"就做怪样子。

1983 年 8 月 2 日（8 个月 26 天）

夜里弄了一身大便。

头有些热，下午发烧。

今天不高兴，不肯吃，总是哼哼地不满意。白天没睡多少觉。

1983 年 8 月 3 日（8 个月 27 天）

仍有些发烧。白天不肯睡，闹得厉害，夜里睡得较好。

1983 年 8 月 4 日（8 个月 28 天）

烧已退。

这几天翻身较灵活，躺着时很快就能翻到趴着的姿势。趴着时仍不会向前爬，有时向后退，有时转圈，能转 180 度。

坐在小车上，能扶着两边自己站起来，因觉得自己很能干而高兴（图 20）。

☞ 能够灵活地翻身表明昊昊的腰腹部力量得到了发展，促使他能变换姿势，为后续的爬行做准备。

☞ 这些仍然是昊昊的注意力向着更有指向性和集中性的有意注意发展的表现，也体现出他对于外界环境（包括人、事、物）具有强烈的好奇心。这个阶段，家长可以给孩子提供安全且多样化的玩具或物品，既能满足他的好奇心，发展他的注意力，又能促进他的视觉、触觉的发展。

☞ 很多婴儿都会在学会向前爬行之前出现向后退着或转圈爬的行为表现，这其实是婴儿在通过动作感知空间方位，进而在练习爬行中逐渐把控运动方向的有意义行为。所以，当孩子出现这种行为时，家长不必着急，更不要阻止他，而是给他更多的时间，支持他按照自己独特的方式练习。

☞ 这是昊昊在学习扶物站立，在练习站立的过程中感知身体的重量，增强颈部、腰部的竖直支撑力和腿部的力量，为学习独立行走做准备。

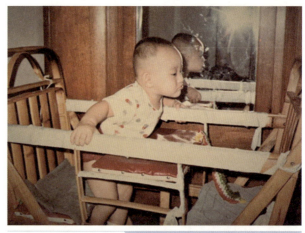

图 20　能扶着小车两边站起来

有时能用全脚站着，但多半还是用脚尖着地。

坐着时能自己扶着大人的手站起来，很有力气。

不好好吃东西，对鸡蛋、肉、面、粥等都不大感兴趣了，只想吃妈妈的奶但又吃不饱。

会拉灯绳，拉一下就回头看看灯。

☞ 昊昊在初步感知自己拉绳的动作是否会产生让灯亮起来的结果，是在动作发展的过程中初步探索一种因果关系。

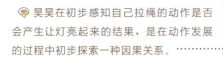

1983 年 8 月 7 日（9 个月）

体重 20 斤。

上面已长出两颗牙。最近食欲不佳，可能和长牙有关。喜欢吃白馒头、白面包。如果涂上黄油、果酱就不爱吃，会吐出来。

仍想吃妈妈的奶，吃不饱也要吃。

能两手分别拿一个玩具，但不久就扔掉一件。

一只脚有些肿，可能是蹦跳时受了伤。

只要躺下仍是两腿蹬踢，站着时可以不停地跳。能扶着小床或小车自己躺着。躺着翻身也更灵活。

嘴里不停地说"妈妈""拿拿"。有需要时更是大声叫喊。

睡觉前仍有时哭，要吃妈妈的奶。

🖋 1983 年 8 月 21 日（9 个月 14 天）

最近对玩具不太感兴趣。对人、人的活动、周围的物品感兴趣。坐在小车里，如果旁边有人和他说说笑笑，就能玩儿比较长的时间。

二姑奶奶给他买了一辆单座的小车，他坐在里面总要向前趴，看车下面，所以不能离开人（图 21）。

图 21　坐在单座的小车里总要向前趴

坐在小车里总喜欢站起来跳着玩儿。能自己从坐的姿势扶着小床栏杆站起来并坚持一会儿，抓着栏杆身子能向后退或旋转。

仍要吃妈妈的奶，白天睡觉前也坚持要吃才肯睡。夜里只肯吃妈妈的奶。

见了爸爸就一定要抱，对爸爸和叔叔区分得很清楚。

上下都已长好中间的四颗牙，总要啃东西或吃手。

别人对他说唱时，他也"ma——ma——"地说。

☞ 昊昊的语音发展到了多音节阶段，在模仿成人发音的同时能够有意识地用自己的发音来表达自己的需求。

☞ 这个阶段昊昊不仅对物品好奇，而且具有了社会性交往的需求。相比于自己玩儿玩具，他更喜欢与人互动，并且在与人的互动中能够对周围的环境保持更长时间的好奇心和注意力。

☞ 从 20 世纪八九十年代到现在，很多家长在宝宝学会走路之前都会买一辆学步车。不过，现代医学和育儿理念并不提倡 1 岁以内的婴儿在其腿部力量和平衡能力还没有得到充分发展的情况下使用学步车。因为学步车其实是不利于婴儿发展下肢力量、锻炼身体平衡能力的，相反还可能会造成婴儿对于学步车的过分依赖，限制他们的自主探索。学习走路，最简单的方法就是让婴儿自己扶着墙壁、沙发等慢慢练习，在磕磕碰碰中逐步学会控制自己的身体平衡，建立自信心。作为家长，要多给孩子提供自主练习走路的条件、时间和机会，陪伴他在自己的努力下逐步学习和学会走路。

☞ 除了妈妈，爸爸也应该成为宝宝重要的依恋对象。爸爸不仅是宝宝重要的游戏伙伴，也是宝宝积极情感满足、社交需求满足、积极个性品质形成、性别角色正常发展及认知发展的重要启蒙者。爸爸们有时间应该多抱抱宝宝，和他说话、做游戏，这会带给孩子更多丰富的亲子体验。

✎ 1983 年 8 月 25 日（9 个月 18 天）

已能向前爬几步，有时仍需大人帮忙。站在小车里两手扶着可以转身，向前迈几步（图 22）。能灵活地躺在床上翻身，或扶着栏杆站起来。

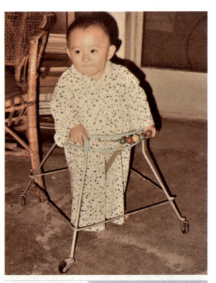

图 22　站在小车里

☞ 昊昊有与爸爸进行社会交往的需求，他希望通过发出声音和动作得到爸爸的关注。当爸爸用毛巾被蒙住头时，他充满了好奇，开始跟爸爸玩藏和找的游戏。昊昊正是在这种藏和找的游戏过程中逐渐习得"客体永久性"这一重要概念的。为此，建议爸爸们不妨借机把宝宝的好奇行为变为欢乐的父子游戏时光。

早上醒了唠唠叨叨不停，一定要把爸爸弄醒。爸爸用毛巾被把头蒙上，他就拉开毛巾被找爸爸。

有要求时也哇啦哇啦的，像在说话。

✎ 1983 年 9 月 7 日（10 个月）

最近能不扶着稍站几秒。

动作日渐灵活，能爬。自己能独立地活动，所以对成人的依赖减少。玩儿的时候不愿意别人抱他。

能玩儿一会儿玩具，但对爬、站、敲打床、敲打桌子更感兴趣。很

☞ 昊昊的行为不仅是在探索周围的事物，而且在探索自己的身体动作以及可能对周围事物产生的影响，从而逐渐感知到自我的存在，萌发自我意识。

喜欢扶着大床头的栏杆拍打窗台，并试图进一步向上爬。

咬字较清楚，嘴里总是出"ma ma ma，ba ba ba，na na na，da da da"等声音。

会根据成人的语言做几种动作，如听见"再见"就用手摇一摇；听见"猪猪"就噘嘴；听见"跳，跳，跳"就两脚一颠一颠像跳的样子。

喜欢用小杯子喝水。吃饭的时候手里仍必须有东西玩，否则不好好吃饭。但很饿的时候能安静地吃到半饱。

喜欢在地上迈步，八字脚前进。

> ☞ 10 个月的婴儿能够根据成人的言语去做出相应的动作，具有初步的言语理解能力。

🖋 1983 年 9 月 13 日（10 个月 6 天）

睡觉仍很困难，总想爬起来，要哭一阵才入睡。

有要求或找人时总是喊"ma ma，ba ba……"

现在每星期四、星期五、星期六都去姥姥家，但对那里的环境已感到生疏，不愿意去那里。

总想出去，在户外很高兴。

最近被把着小便时常常反抗，等过一会儿又尿在床上或人身上。

> ☞ 昊昊此时发出的声音表明他初步具有了与成人进行交流、表达自己的愿望的能力，体现了婴儿在前言语阶段已经开始通过语音进行有目的的交流。

> ☞ 10 个月左右的婴儿有了初步的自我意识，虽然昊昊还不能意识到自己的尿意，但是他已经明确地感受到自己并不愿意让人把尿。建议家长不要用这种方式，这不利于孩子在生理器官发育逐渐成熟的基础上学习自主排便。

🖋 1983 年 9 月 15 日（10 个月 8 天）

能想办法借助一些外物的支持，爬到想要去的地方。不停地爬、翻、蹬着物体向上等。

主动逗人，脸上做怪样表情。

站着时常常撒开手，独立站一会儿，自己很得意地笑。

喜欢被人扶着在地上走，走的时候用脚尖很快地点地，非常高兴。

> ☞ 这反映了昊昊的身体运动需求。家长应满足孩子的这种需求，在保证安全的前提下给予其鼓励。

> ☞ 这反映了昊昊在社会性交往方面的需求和发展，他能够有意识地做出一些怪样表情去引起成人的关注，成人的反应又会反过来强化他的这一行为。

🖋 昊昊已经在不同的玩具和相应的动作之间建立了联系，他的动作和目的之间开始分化，直觉行动思维开始萌芽，建议家长多给这一阶段的孩子提供不同的东西，激发孩子用不同的动作和方式来进行抓握和探索。

🖋 这是昊昊记忆力和社会性情感发展的表现。一方面，随着他记忆时间的延长，记忆力从短时记忆开始向长时记忆发展，于是出现了"认生"的现象；另一方面，随着社会性情感的发展，陌生人的出现会让他产生焦虑情绪，而熟人的出现又使他有安全感。

🖋 这是昊昊模仿学习的一种表现，是婴儿期的一种重要的学习方式。

🖋 昊昊在自己的摇晃动作和小床发出响声之间已经建立了比较稳固的联系，这也是婴儿期的一种游戏。这一重复性的游戏过程也使他从最初无意识的发现进入有意识的探索。

最近对不同的玩具做出不同的动作（以前拿着玩具总是摇）。例如，拿到"拨浪鼓"时就摇；拿到"小提琴"时就学成人握琴的样子；拿到"小木板"时就在桌上或床上敲；拿到瓶盖时就两手翻过来翻过去地摆弄。

躺着时把两脚向上伸，觉得很新鲜。

遇到陌生人不再立刻笑，有时看久了会哭，如果旁边有熟人就会转移目光，不久后转哭为笑。

🖋 1983 年 9 月 22 日（10 个月 15 天）

夜里已经开始不给他吃妈妈的奶（白天已经不吃了）。爸爸看他，他哭了一个多小时后睡着了。

白天仍然很高兴，找人时总是喊"ba ba，ma ma"。妈妈下班回来，他就抱着妈妈亲。

对着他说"拍拍手""猪猪""摇摇头"……同时做给他看时，他也会做同样的动作。对他吐舌头、动嘴，他的嘴和舌头也跟着动。

同时给他两个玩具，他看后仍只拿一件，放下另一件，而且总是选择有响声的东西。

能对不同的东西做出不同的动作：能出声的就拿来摇着玩，对纸一类的东西就抓、揉、看。

喜欢在地上走（有人扶着），迈步较大。

扶着有栏杆的小床可以玩儿一阵，但总喜欢摇晃小床弄出响声（图 23）。

图 23　扶着有栏杆的小床玩

1983 年 9 月 27 日（10 个月 20 天）

　　已连续几天未吃妈妈的奶，这样夜里睡得较好（以前夜里常醒常吃，又吃不饱）。胡娘娘（一位姓胡的邻居阿姨）夜里代替妈妈抱他一下，基本解决了问题，食欲也比以前好了。因夜里不随时吃，一般是 12 点吃一次，到早上 4～5 点才醒。

　　上午比较容易入睡，下午常常不安定，不肯睡。找妈妈，到处看，喊"ma ma"。

　　由爷爷哄睡得最快，爷爷会抱他一会儿，把他放在小车上推一会儿。有妈妈在时反而要哭闹一阵。

　　喜欢吃白馒头、白面包或包子皮，不爱吃有肉的东西。

　　总想到户外去，在户外比较安静，东看西看。

　　手里总要摆弄东西，吃饭时要拿勺抱碗。很饿的时候吃相也较好。

1983 年 10 月 1 日（10 个月 24 天）

　　只要听到"拍拍手"，不用别人示范，他也能拍手。

　　爷爷一做"狠样儿"，他就有反应。

喜欢在地上走，或爬上爬下，不愿意有人打扰。

能在四把椅子围成的圈内站着玩儿较长时间。

用手对着他做动作，他能模仿，但有时不准确。

喜欢玩儿小型的东西（如小绳子、小纸盒等），特别喜欢红色的筷子、碗、盆……

吃饭时，手里仍要拿点儿什么，否则要抢碗、勺，或用手在碗里抓。

在妈妈的大床上能玩儿很长时间，爬来爬去，坐下玩儿玩具，站在窗前敲，或站在床边摇小床玩儿。

最喜欢摇椅子背、小床栏杆。

🖋 **1983 年 10 月 20 日（11 个月 13 天）**

奶奶从比利时回来，发现他已经能自己扶着桌椅或墙壁走路了（图 24）。

图 24　已经能自己扶着东西走路

✏ 昊昊出现了对红颜色的偏好，这是他的颜色视觉发展的一种表现。对这个年龄段的孩子，家长可以提供一些颜色鲜艳的玩具或物品让他玩儿，刺激他对颜色的感知。

模仿能力有很大进步。成人只用说不必做动作，如说"高高"，他就举手向上看；说"灯灯"，他就看灯；说"怪样儿"，他就做怪样子；说"拍拍手"，他就拍手。

仍很想出门，在户外坐在小车里很安静，回到家里总要活动。手里有东西时能玩儿较长时间。还时时做出有要求的样子，发出不满意的声音。

爷爷、爸爸和叔叔拍他时就睡得很快。妈妈、奶奶拍他时就不肯睡，总要爬起来。

喜欢和人逗着玩儿，自己玩儿时如果旁边有人就更高兴。更愿意蹬着脚向上爬，总要踩着栏杆往上蹬，显得胆子很大。

☞ 模仿成人做动作是婴儿特别喜欢的游戏。这一系列动作不仅体现了昊昊模仿学习的能力逐渐增强，而且反映出他的言语理解力和社会性交往能力的初步发展。建议家长多跟孩子玩这种亲子互动游戏。

☞ 相比于家里熟悉的环境，昊昊更容易被户外新奇、变化的环境刺激吸引，所以更愿意出门到外面玩儿。他的注意力有了一定的选择性和目的性，并能用一些动作和声音来表达自己的愿望和需求。

1983 年 10 月 26 日（11 个月 19 天）

今天大奶奶带他到大操场去玩儿，引导他不靠东西独自走几步。回来后在屋子里也能独自走几步，但不稳，还一定要有人在旁边用手接他。

有要求的时候仍然喊"ma ma，ba ba……"高兴时会发出一些别的声音，但没有特定的意义。

喜欢摆弄东西，越是新鲜的东西越要拿，玩儿一阵就随意往地上扔，扔了又要捡，捡不起来就趴在地上拿，但拿起来后又扔。

爷爷、爸爸、叔叔推着他在小车上睡觉，睡得比较快，妈妈、奶奶推车时睡得慢。

现在特别喜欢喝牛奶，见了奶瓶就急着要。自己能拿着奶瓶喝一阵，等到不太饿时，就开始玩儿奶瓶和奶嘴。

仍要出门，一看见门开着或有人出去，就急着向门口跑。也喜欢玩儿各屋的门和大立柜的门，一开一关。

☞ 昊昊不断地扔东西是他的一种动作图式——轨迹图式，反映了他对物品和人如何运动以及他自己如何影响运动的兴趣。这也是婴儿感知运动智力或直觉行动思维开始萌芽的表现，是一种有意义的探索行为。建议家长不要随意制止孩子这样的行为，可以选择一些不怕扔和摔的东西，陪他一起玩儿。

☞ 昊昊喜欢开关门的行为也是他的一种轨迹图式的行为表现，即在水平方向上感知和探索门的运动，以及自己的推和拉的动作会对门产生怎样的影响。

1983 年 10 月 31 日（11 个月 24 天）

这几天感冒，流鼻涕还有点咳嗽，不能出去玩儿，很着急。胃口也不太好，夜里鼻子不通也老闹。

妈妈带他去看了中医，回来后不肯吃中药，硬灌时大哭。

最近白天只肯睡一觉，约 3 小时。上午总要到 11 点才睡，下午不肯再睡。

独自走路时胆子更大了一点，能转弯，但还必须有人扶他一下。开始走时，喜欢有人拉着他的一只手，这样他可以更自由些，自己扶着东西走不太自由。

会"敬礼"（右手扶着头），会"谢谢"（两手相交上下摇动，像作揖）。

雷昊 1 岁

昨天给他过了生日，和爷爷、好姨三代人一起过的。

今天已经能够独立走路，以前一定要人先扶他一下，送他向前走。现在自己就能离开扶着的东西，独自走一段。走得较以前稳些，可以两手向前举着保持平衡，也能自己向后回转（图 25）。

图 25 独立走路

想出去时就做各种动作：拍手，摇手，挥手。说"ma ma"，就是要人抱他出门。

没有人理他时，他便向着人大声叫，希望有人和他打招呼。

模仿动作的能力加强，伸舌头，摇头，用嘴出声，用右手抱头"敬礼"。当有人对他说"美一个"时，就摇动身体。

👉 昊昊虽然还不会说话，但是能够通过发出声音表达自己的愿望，同时凭借自己对成人言语的理解和记忆做出一系列的动作，来达到自己的目的。这些都体现了他的感知运动能力的发展。

👉 这些动作不仅是昊昊模仿学习能力的体现，也是他通过动作与他人进行社会性交往的反映。

喜欢一个人走来走去，两手向前方两侧举着，保持平衡，但仍不够稳，走得较快（图 26）。

图 26　喜欢一个人走来走去

1983 年 11 月 20 日（1 岁 13 天）

奶奶从印度回来，一见面他就很高兴，要奶奶抱，抱着奶奶的脸亲。最近和人要好，两手捧着对方的脸，并不像以前那样用力抓，而是抱着人的脸看。

近来对家中的各种东西都要动一动，拿一拿，特别是对门、门框、抽屉有兴趣，要拍来拍去，并看看里面的东西。总想去抓一抓、动一动，对东西比对人更有兴趣，对以前经常玩儿的玩具兴趣不大。喜欢索要新的玩具，如果教他一种旧玩具的新玩法，同时配音引起他的兴趣，他便表示喜欢玩儿。

仍不会大小便，有时因发出声音，才知道他要大便。无法知道他是不是要小便，有一天很顺利，刚一"把"，他就尿出来了。但通常是越"把"越不肯尿，过一会儿又尿湿裤子。

对穿衣服、换裤子都反感。就喜欢出门，一听见门响就要往外跑。

☞ 昊昊开始对新奇的物体产生兴趣，当出现新的玩具或旧玩具出现新的玩法时，他会注意，并主动做出重复性动作去感知。建议家长不要总给孩子买新玩具，用不同的方式创新旧玩具的玩法，孩子同样会喜欢，也会获得新的体验。

看见有人开关门，或听到敲门声就要向门口跑去。

做错了事，或动了不能动的东西，往往听见成人发出"eng——"的声音时，他就停止。有时他仍要去做，同时也发出"eng——"的声音。

1983 年 11 月 23 日（1 岁 16 天）

近来很注意成人对他的表情和态度。做了自知不对的事或拿了不应该拿的东西，就要看看成人的脸色，虽然也有些害怕的样子，但有时仍要动一动。

对于那些经常叮嘱他"不要动"的东西，如屋子角落里放着的瓶子，逐渐知道：只看看，不动手。但还是很想动手。

从外面回来，看见奶奶和客人（陌生人）坐在一起，先是高兴，然后表现得很不自然，最后还会哭。现在将陌生人、熟人分得清清楚楚。在陌生人面前不自然，有人给他东西也不敢拿。

喜欢在地上爬。走累了就坐在地上，或在地上爬着玩儿。

懂得不少语言，如听见"看看小手脏不脏"，就伸手，看自己的手；听见"拿拿"，就把地上的东西捡起来；听见"找奶奶去""找爸爸去""找妈妈去"，都知道找谁。

喜欢和成人"藏闷儿"，故意重复捂脸的动作。

平时只玩儿一个玩具，最近看见成人用两手拿东西互相敲击，也能模仿。

喜欢听人讲图画书，当大人指着图画书说"这是……那是……"他能注意片刻。学成人看书的样子，两手拿书，还要翻书页。

> 昊昊非常喜欢"藏闷儿"的游戏，当他用手捂住自己脸的时候便以为自己藏起来了，这是一种"自我中心化"的心理表现。孩子有意识地重复这一动作，是因为在与成人的互动过程中看到了成人喜悦的神情，收获了快乐的体验。

1983 年 11 月 25 日（1 岁 18 天）

在妈妈面前比较任性，早上起来常常哭，闹脾气，想出门。

爷爷、爸爸、叔叔推着他睡觉(在小车上)，能很快睡着。如果是妈妈和大奶奶推着他，就不好好睡，总要爬起来。中午、晚上都如此。晚上妈妈哄他睡觉，有时花一小时他还不能入睡。

最近夜里睡得较久，吃得较少，因早上天亮得晚，能睡到6~7点。

今天送到姥姥家又认生了(好多天未去了)。下午睡醒时哭得很伤心。吃饭时一听见妈妈的声音，立刻不肯吃了，急着要回家，回家后很高兴。

每天晚上，一看见妈妈下班回来就高兴极了，亲得很。见了爸爸也非要抱抱不可，和对其他人有所不同。

☞ 昊昊和爸爸、妈妈之间建立起了比较稳固的亲子依恋关系，对妈妈的依恋更为强烈。亲子依恋的形成是婴儿情绪社会化的一个重要标志。

1983 年 12 月 4 日（1 岁 27 天）

最近走路已不需要平举两手。能扶着东西蹲下，再自己站起来。

一个人自由地走来走去，随时坐在地上玩儿，或在地上爬。问他："小手脏了没有?"他就伸出手来看，先看右手，再看左手。

当他做了不对的事情时，成人总是用"eng——"的声音表示不满，因此当他做了自知不对的事时，如将纸或书撕破了，或动了大人不许动的东西，或站在地上撒尿，他自己就发出"eng——"的声音。

仍然非常愿意出门，一看见大人穿衣服、戴帽子，便摆手表示"再见"，要出门。只要听见门响就往门口跑。看见红色外衣或帽子时也会联想到出门。

拿到钥匙就到有锁的地方去碰(知道钥匙是开锁的)。

见了妈妈就撒娇，总要出门(因为妈妈经常抱他出去玩儿)。

☞ 昊昊建立起了钥匙和锁之间的对应关系，体现了认知能力的发展。

☞ 比起回到熟悉的家里，爬楼梯这件事情更吸引昊昊。爬楼梯可以锻炼腿部肌肉力量和全身动作的协调性，成人应满足孩子想爬楼梯的需求。

大奶奶常扶着他爬楼梯。现在从外面回来时要求自己上楼，经过家门(二层)也不肯进，继续上楼。

✎ 1983 年 12 月 11 日（1 岁 1 个月 4 天）

　　已经能懂很多话，但不会说。总是发出"eng——"的声音，用不同的音调代表不同的意思。对他说"不动不动"，他就会立刻把动作停下来；说"爷爷的脚丫呢"，他就会去找；说"拿鞋"，他就会自己去找鞋；叫他去找爸爸、妈妈、奶奶，他也知道。

　　今天从小车上摔下来，把鼻子跌出了血，哭了很长时间，鼻子摔肿了。

　　看见红色外衣或帽子时还是闹着要出去，谁要出门就找谁。自己抓着红色外衣叫人给他穿。对他说"穿好再走"，他能等待；说"穿上鞋才能出去"，他也能懂。

　　喜欢翻书玩儿，好像在看书，用大拇指触碰书上的画。如果手在能翻页的一边，就慢慢翻，不再撕书。

　　在户外玩儿总是特别高兴，不肯回家（图 27）。出一次门回来后情绪就较好。

图 27　在户外玩儿

✎ 1983 年 12 月 18 日（1 岁 1 个月 11 天）

　　最近感冒一直未好，流鼻涕。

💬 昊昊虽然还不能说出连贯的语言，但是能用不同的声音表达不同的意思与成人进行交流，并且能够听懂越来越多的话，这些都在为他后面学会说话做准备。

💬 这是昊昊最初的阅读行为表现。受到成人阅读的影响，他模仿着成人的样子看书、翻书，撕书的行为越来越少。建议家长多带着孩子一起看书、翻书，这样的亲子阅读活动可以帮助孩子逐渐养成良好的阅读习惯。

能听懂的话更多了，如听到"拿起来""给××送去""上叔叔屋去""起来"等，都能按成人说的去做。

喜欢坐在奶奶腿上，在书桌前拿笔在纸上画。奶奶教他"画"而不是"点"，他已学会。

早上知道妈妈要出门上班，特别依恋妈妈，不肯离开。但用别的事吸引他时，他便会忘记。

翻书看时，可以自己调换书的方向，找到能翻页的一边，不断地翻，并用手指点书上的东西。

开始用食指指点东西（以前总是张开手，用拇指指点）。

大奶奶说"唱个歌"，他就有节奏地"eng——eng——eng"，表示唱歌（图 28）。高兴时将身子扭起来好像跳舞。

白天睡两次，晚上就不困，要玩儿好久才睡。

图 28 大奶奶说"唱个歌"

1983 年 12 月 26 日（1 岁 1 个月 19 天）

很喜欢模仿人的动作，大奶奶用脚踢门下面的木块，他也用脚做出踢的样子。

最近会很多花样，如对他说"做操""一二一"，他就伸展两臂，还用

🖋 这一现象说明昊昊在 1 岁左右时，已经能够听懂大人的简单指令。这也恰好印证了人类的语言习得规律：婴儿能够理解许多他们还不能说出的词语，理解（接受）先于产生（表达）。即使孩子在婴儿期还不能用语言表达，父母也应该多与孩子在生活情景中进行语言交流，以促进其听说能力的发展。

🖋 婴儿最早的绘画经验是通过接触纸和笔，并在纸上留下痕迹而获得的。

🖋 昊昊此时已能翻书，也知道书的方向和页面的边缘。指向行为是婴幼儿早期阅读行为的主要表现。

🖋 模仿是婴幼儿学习的重要方式，这个看起来很有趣的现象提示父母：成人的"样子"很重要，因为婴幼儿正在通过他们进行学习！

脚踢；看见有人出门就摇手表示再见；问他："你的耳朵呢？"他能用手摸耳朵；问他："（塑料）猪猪的鼻子呢？"他就摸塑料猪的鼻子；问他："妈妈的耳朵呢？"他能找到妈妈的耳朵，然后转一大圈从妈妈身后去找另一只耳朵；问他："你的花衣服呢？"他就指指自己衣服两边的袖子。

已经认识好多人，问他爸爸、妈妈、爷爷、奶奶、叔叔在哪儿，他都能用手指或用眼睛看着。如果人不在面前就指指门口，意思是出门了。

有客人来时，总喜欢跑到奶奶跟前让奶奶抱着，听大家说话，有点认生，但已不哭，有时还笑。

想大小便时仍不会表达，经常尿裤子。把他时，他不肯尿，过一会儿又尿裤子。

☞ 这说明昊昊已经建立了一定的自我意识。他不断地通过与成人的互动，证明自己能够理解、觉察、行动，并为自己有这种能力感到愉悦。这一现象告诉我们，父母和其他家庭成员早期与孩子的积极互动，可以帮助孩子建立自我观念，为其后续的情感和社会性发展做积极的准备。

1983 年 12 月 31 日（1 岁 1 个月 24 天）

最近已经很会翻书，看大画报时能自己找到翻页的一边，慢慢翻。这两天经常看一本英文的《中国妇女》，里面一页有许多小娃娃的脸，翻到这一页时总要做笑脸。最喜欢看有人脸的画。

看见窗台上有双新鞋，就拿来玩儿，一边看一边指点自己脚上的鞋，表示新鞋和自己脚上的鞋一样。对叔叔有些惧怕，叔叔曾经不许他动小柜子里的相册。叔叔在面前，他就不敢走近小柜子。

这两天一到天黑，他就指着窗外发出"ou——ou——"的声音，不敢自己走近窗子，有点怕的样子，但是总要去看，要去指。可能是因为前些天他总要傍晚出门，大家叫他看黑漆漆的窗外，同时还说"哎呀，黑呀！"他有些怕。现在抱着他看外面，并说"不要紧"，希望不久能使他不再害怕。

爷爷或叔叔推着他在小车里睡觉，他睡得很快。妈妈或大奶奶推着他时，他却睡得很慢，总要爬起来。

☞ 婴幼儿对人脸有着特别的兴趣。从昊昊的表现来看，画报中的人脸让昊昊回忆起了他最熟悉、最喜爱的信息——家庭成员的脸。昊昊目前刚刚 1 岁 1 个多月，这个阶段的表现也与心理学家们关于婴幼儿记忆的研究相吻合，说明了婴幼儿早期的记忆非常依赖线索和环境。

☞ 昊昊目前正处于感知运动阶段，主要通过感觉和动作来认识世界。这个时期的婴幼儿喜欢通过动作解决问题，他们会不断地重复一个动作或者让物体发出声响，以获得对这个事物的认识，也会将已经获得的生活中熟悉的感觉动作积极地运用到探索中去。例如，看见能吃的东西就用嘴吃，看见"小手风琴"玩具就用手拉。父母应当清楚这一点，积极地创造条件，鼓励孩子的这种探索，而不要随意地打断或者呵斥孩子。

☞ 昊昊的这一行为，反映出昊昊即将进入未分化涂鸦期。他已经发现笔可以留下痕迹，此时他更关注的是笔画出来的道道，而非笔的颜色。这些道道是昊昊的新发现，他为此感到新奇和兴奋，所以才会在桌子、椅子上画。如果父母发现孩子有这样的行为，可以给孩子提供纸张和质地较硬的笔，如铅笔、马克笔、蜡笔。这个时候还不需要提供各种颜色的笔，因为此时的孩子还不太关注颜色，而更沉醉于画出来的线条。

☞ 昊昊已经对阅读表现出较稳定的兴趣。纸板书是非常适合低幼儿童阅读的。婴幼儿喜欢看的内容与他们的生活经验关系密切。

🖋 1984 年 1 月 7 日（1 岁 2 个月）

仍只拿一个玩具玩儿，但对待不同的玩具有所区别。看见能吃的东西（无论是剥皮的还是未剥皮的，无论盒子是打开的还是未打开的）就用嘴吃，看见"小手风琴"玩具就用手拉，看见其他的玩具则用手摇晃。把木片、钟状物放在桌上或地上敲打。喜欢摇晃后能发声的东西。

对新的玩具过一段时间就不感兴趣了，对家里的东西，如瓶、罐、盒、棍以及桌上的各种摆件都要动一动。

最近已教他"不动"。有时对他发出"eng——"的声音，他就不敢动。但有时对于知道不该动的东西，他一边用手去动，一边看成人的脸色。叔叔曾不许他动小柜子里的相册，他想去拿，一看见叔叔站在那里，就赶快回来了。

最近经常向大人要笔，他可以在纸上来回画道道，奶奶给他红色但不能画的笔，他不要，宁可要一支普通的蓝色（他是喜欢红色的）且可以画出道道的笔。他拿着笔在桌上、椅子上画，奶奶向他发出"eng——"的声音，他就赶快跑开。

还不会说话，但能用不同的声音表达意向。玩具掉了想办法去找时，天黑了有点怕时，指点人或物时……都用不同的声音。

柜子上的贺年片很多，他很喜欢看。奶奶曾对他说："真好看，多多！"等到再看到别的图画时，奶奶又说："真好看，多多！"他就又去指柜子上的贺年片。

会主动叫爸爸、妈妈，但不是经常叫。早上起来第一次见面或者急着找妈妈时才叫，发音正确。

他走到奶奶床前，将自己的头枕在床上。奶奶用手拍他的背，边说："昊昊睡觉啦！"他很高兴，重复做几次动作。以后一听到"昊昊睡觉啦"，他就将头枕到床上去。

喜欢模仿成人扫地，看见扫帚就去拿，拿的姿势和成人相同（拿木柄），然后将扫帚在地上挥动起来。

拿起黑色眼镜就想往头上戴，怎么也戴不上，等成人帮他戴上后，很高兴，但又立刻取下来准备再戴（图 29）。

图 29　拿起黑色眼镜就想往头上戴

妈妈喂他饭时，总要去抢勺。给他一个勺，他就往嘴里放。能自己抱着奶瓶喝奶，但一旦有人帮他拿，自己就不再拿，而是用手做各种动作。

奶奶把玩具狗放在沙发上说："小狗坐坐。"以后每次听见"小狗坐坐"，他就去找玩具狗，并把它放在沙发上。

一听见大门响，或看见有人穿上大衣，就摇手表示"再见"。自己想出去时也摇手，很着急。

听到有人说："你唱个歌！"他就"eng，eng，eng，eng，eng"（有节拍）。

一看见奶奶就伸出手，因以前奶奶总对他说："哎呀，小手脏啦！"听到别人的咳嗽声，他也模仿咳嗽。成人跺脚，他也跺脚。

看见奶奶从外边回来，他就指着大衣上的扣子，然后看着其他衣服上的扣子，并说"eng，eng"，表示都有扣子。

常常扔玩具，丢在地上后要求别人去捡，然后又扔。

👉 昊昊这些有趣的行为，反映了其大脑会将各种信息进行加工和转换。昊昊"记录"了成人的各种行为，这些行为通过多次重复，形成了记忆，当这些记忆里的信号出现的时候，昊昊就有了操作性条件反射。这也符合这一时期婴幼儿通过感知觉、记忆、操作与模仿进行学习的特点。

👉 虽然昊昊还不会说话，说不出那些我们认为有意义的词，但是并不代表他不能理解和表达。这些不同的声音就是昊昊的"语言"，是他对成人、对事物的一种回应，说明昊昊已经进入了语言的理解期。婴幼儿语言的发展更多来自环境的刺激，其中与成人的互动是非常重要的语言环境，因此，父母和其他家庭成员不要忽略与这一时期的孩子进行积极的语言互动。

✑ 1984 年 1 月 14 日（1 岁 2 个月 7 天）

仍不会说话，但能用不同的声音表达不同的意思。

如果做了成人不许做的事，看见有人来了，马上就跑开。

能根据成人的语言做些动作，如听到"做个操"，就伸出双手，踢一踢脚（图 30）。

图 30　能根据成人的语言做些动作

对新的玩具感兴趣，但过一两天便不再愿意玩儿，有时隔许多天又感兴趣。看见扫帚就要拿，像成人一样拿着扫帚柄在地上来回动。

自从会翻书页后，很少撕破书，偶尔不小心撕破了，就注视着成人，并发出"eng"的声音。左手比右手翻得更好。经常注视几个喜欢的图画，如小白兔、小娃娃、汽车等。如果已翻过去还没见到喜欢的图画，就会再用另一只手翻回去。

每做一种动作总要重复多次。喜欢和别人"藏闷儿"，常常站在门后或椅子后面，听见成人对他说"闷儿"就高兴得很，并要重复几次。

以前看见椅子上有东西（如垫子），就要往地上扔。奶奶教他用手拍

💬 昊昊现在喜欢注视这些有清晰轮廓的图像，并花很长时间来看这些图像，说明他已经具备了视知觉模式。在这一时期，父母经常给孩子看一些轮廓清晰、颜色分明、有具体意义的图画，将有利于孩子视知觉的发展。

垫子，同时说"拍拍"，示范几次后，他不再扔，见椅子上有东西就去用手拍拍。

他还不会同时拿两件东西，手里有一件东西时，再拿另一件东西就会把原来的扔掉。今天奶奶把小白球放在一个罐子里，他拿来摇摇，看见罐子里有个球，把球取出后，又想放回去，但罐子口朝下，所以放时球又掉出来。奶奶教他把罐子口朝上，再放进小球，他便照做。

看见床上有个手电筒，赶快拿来玩儿。摇一摇没有声音，就又拿起罐子，用手电筒敲罐子，很高兴。这是第一次拿两件东西玩儿。

已经知道要到纸箱子里（这是为他放玩具的地方）去取玩具。看见不想要的东西就扔出去，找喜欢的玩具。

喜欢开门、关门，只要看见柜门开了，就马上跑过去开关柜门，要拿柜子里的东西（图 31）。一般成人都禁止他拿，对他说"不要动"，但多半没用。

图 31　喜欢开门、关门

对不同的人有不同的反应。见了妈妈就要抱，妈妈哄他睡觉，他总要爬起来玩儿。爸爸一回来，就要爸爸抱他举高，去够门上面的窗子（因为爸爸曾经抱他玩儿过）。见了奶奶就要看画书，叫奶奶领他走来走去，或坐在奶奶腿上"写字"。爷爷和叔叔哄他睡觉时睡得较快。晚上洗完脚就让爷爷抱，知道要睡觉。叔叔抱他在小车上睡觉时，睡得最快。他

💬 这说明这一时期的昊昊虽然还不具备注意的分配能力，但他的注意已经有了一定的选择性。扔、晃、敲等这些行为都代表了有意注意的萌芽。随着注意能力的发展，婴幼儿对新奇事物的兴趣会不断增加，这为他们更进一步积极探索周围世界打下了基础。

💬 昊昊的不同反应，正好体现出家庭成员与昊昊不同的互动方式。我们能从昊昊的表现中，看到昊昊的家庭成员有着和谐的关系，每一名成员都愿意并积极地与昊昊互动。成人的互动方式使昊昊形成了一定的条件反射，他也会用不同的方式去回应成人。这种积极的人际互动有利于婴幼儿认知与情感的发展。就像昊昊现在可以区分妈妈哄睡和叔叔哄睡，然后会凭借经验采取不同的方式回应。从哄睡这件事来看，我们大致可以猜测，妈妈更容易妥协，爷爷和叔叔的原则性更强。

有点怕叔叔，如果拿了不该拿的东西，叔叔从他手里要过去，他不作声。但如果别人拿走，他就急得哭。

看见客人来有点认生，如果旁边有熟悉的人就不太怕。有时还能和客人藏着玩儿。

除睡觉外，一天总是在活动，走来走去，手里拿着东西。在大床上摆玩各种东西或爬上爬下。唯一安静的时间就是坐在小车上，任由成人推来推去。他喜欢背靠着小车，有时嘴里哼哼着，很舒服的样子。

1984 年 1 月 21 日（1 岁 2 个月 14 天）

凡是遇到不愿意做的事就发出"eng，eng"的声音。

最近常发出"da，da，da"的声音，有时说"da—ci"，大人对他说"da—ci"，他也重复"da—ci"。

舅公从天津来，和舅公玩儿了半天就熟了（图 32）。午休时，舅公推着小车他就睡得很快。问他："舅公在哪儿？"他也能指出。

图 32　和舅公玩儿

不许他动某件东西时，可以对他说"不能动"，他会听话。但如果是妈妈不许他动，就大哭，还要坐在地上发脾气，有时跑到奶奶面前"告状"。

他想去拿什么而自己拿不到，或想要到什么地方（特别是黑的地方），就去拉成人的手，走到目的地。

看见书上有黑影，也像指着天黑的窗外一样发出"ou"的声音。看见书上的图画就指着实物。如果书上有录音机的图画，他就指指桌上的录音机，然后去找收音机，发出"啊，啊"的声音，表示"那儿也有"。

爸爸得了个奖品——有盖子的大红桶。他感到新鲜，不停地玩儿。有时玩儿盖子，有时把桶扣在头上。奶奶教他把盖子盖在桶上，他也照样做。但玩儿了两天就不再感兴趣。

仍很喜欢坐在小车上，头靠着靠背，要人拍着，自己哼着，很舒服。常常自己蹬着要上去。在床上也要蹬着床栏杆。

前几天，妈妈、奶奶和他一起到理发馆去理发。他要奶奶抱着，理发时一点儿也没闹，觉得很新鲜。理发后在那里玩儿了一阵子，想动人家的小柜子的抽屉，妈妈不让动，他就哭，但很快就转移了注意力。看见阿姨给奶奶梳头，他也用手从上到下摸头发。回家后问他："奶奶怎样梳头？"他也照样做。第二天问他，仍然照做。

上午爷爷给他录音，录下他发出的各种声音。

有时自己跑到奶奶床前，头伏在床上表示"昊昊要睡觉啦"。

📝 1984 年 1 月 27 日（1 岁 2 个月 20 天）

叫"妈妈"很清楚，而且是对着妈妈或找妈妈时叫，以前早上起来能对着爸爸叫"爸爸"，最近爸爸不在家里住，已经忘了怎么叫了。偶尔无意地叫"爸爸"。这几天嘴里总是说"da，da，da"。奶奶教他"da—— da——，da da da——"，他能按拍子说。奶奶说"大姐姐"，他不会说但能按声的高低说"à，ǎ，ǎ"。爷爷带回一个小口琴，他不会吹，总是送到别人手里叫别人吹，他听着。

这两天特别喜欢玩儿小花皮球（因为已有好多天没看见了），总是拿着摆弄着。有时想玩儿另一个玩具，一只手仍抓着皮球。现在已能双手同时

💬 能将书中图画与生活中的东西建立联系，说明昊昊知道书中的图画代表生活中的某个物体。

💬 婴幼儿喜欢新鲜的东西，就像这个有盖子的大红桶，引发了"盖盖子"这个新的操作方式，使昊昊产生了极大的兴趣。但这种兴趣会随着动作体验的满足，被新的事物转移。如果这个玩具又被赋予了新的玩法，昊昊可能还会被吸引回来。可以说，昊昊关注的并不是"大红桶"本身，而是如何摆弄它。

💬 昊昊说出的不同音高的节拍数量与奶奶吹的是一样的，这说明他对 3 以内的数量有了较准确的感知。

👉 千万不要小看了这个时期的孩子，他们已经可以"察言观色"了。1岁左右的孩子除能够表达自己的情绪外，还能对他人的情绪进行辨别和做出反应。昊昊在妈妈面前特别娇气，是体会到了妈妈对自己与其他人有所不同；喜欢到奶奶的客人面前示好，是看到了奶奶对客人的态度。当看到成人发怒时，孩子会感到焦虑不安；当看到别人对妈妈表示亲密时，孩子有可能会表现出妒忌。父母应该意识到孩子的行为折射出的是家庭成员的行为和态度。

拿两件东西，不过注意力只是在一件东西上。

已知道大红桶上的盖子应当盖上。打开盖子玩儿一会儿，然后还放回桶上。很关注桌上、床上及地上的小东西，见到小纸片、瓜子皮……都要去拿起来。

仍到处抓东西，动东西。知道自己不应当拿而想去拿时，先看看大人的脸色。有时明知不对，一边拿一边发出"eng"的声音。在妈妈面前特别娇气，他要动台灯，妈妈不让动，他撇了半天嘴，然后才哭出来，哭得很伤心。

有客人来，他总要过来看看，对人笑笑。有时跑到奶奶跟前盯着客人看，表示有好感。

一听见"天黑了"，就要开电视。最喜欢电视开播时放映的五星红旗的图像。电视里有个老爷爷，奶奶指着对他说"爷爷"，他回头指自己的爷爷。

爷爷为他准备了带扶手的小藤椅，他不会坐，总是要面对着椅子去坐。看见爷爷的水杯就发出喝水的声音。

已有一周夜里不吃奶了，已经长出14颗牙。

🖋 1984年1月31日（1岁2个月24天）

想大小便时，仍不会说。妈妈教他蹲在地上小便，以前他不肯蹲下去，今天已开始蹲着小便。

模仿动作：大人踢脚，他也踢。

今天他打了个哈欠，妈妈说"昊昊困了"。后来大人一说"昊昊困了"，他就张大嘴。

玩儿的时候忽然想起妈妈，就叫"妈妈"，还有点要哭的样子。有人给他玩具或转移他的注意力，他便不再找妈妈。

👉 这个阶段婴幼儿注意力选择的范围扩大，他们的注意力也更容易被新奇的事物转移。昊昊因为想妈妈而哭，这时给他玩具，他就转移了注意力，忘了想妈妈这件事。所以，父母想要安抚一名正在哭泣的孩子，较好的做法是转移他们的注意力，而不只是一味地说"好了，别哭了"。

✒ 1984 年 2 月 3 日（1 岁 2 个月 27 天）

昨天，坐小车到姥姥家，玩儿得很高兴。但着了凉，感冒，夜里发烧。

一听见"大奶奶"，他就"da da"。

因为以前一叫"妈妈"，爸爸就答应，现在一让他叫"爸爸"，他就说"妈妈"，叫妈妈时就拉长声"ma——ma——"。

胶水瓶上插的是小鸡头，他能把小鸡头拿下来插在手指上（拇指或食指），并试着把小鸡头插在鸡脖子上，但插不准，偶尔能插上。

看书时很容易发现小车的图形，即使很小也能看见。用手指着，发出"ou"的声音。

自己不会做或做不到的事就拉着大人的手，叫大人去做。

喜欢爷爷的小钱包（红色的），包里放着钥匙。爷爷把钥匙拿走，给他空包玩儿，他不干。拿了钥匙往包里装，装不进去就着急，叫别人替他装进去。

看见手表总要用耳朵凑近听一听。今天看见一串钥匙，也把钥匙放到耳朵边去听一听。

看见暖水瓶盖，就要把小的盒子放里面，然后摇晃着玩儿。

总喜欢用左手拿东西。大人一说"拿那个手"，他就换用右手，但过一会儿又用左手。

最近已经知道玩具应当放在纸箱里。但有时为了找纸箱里的某个玩具，就把所有不想要的玩具都扔在地上。

怕他坐在地上，大奶奶给他做了个垫子。

突然会叫奶奶。妈妈在厨房做饭，他跑去，妈妈抱起他来，对他说"叫奶奶"，他就叫出了"奶奶"。

☞ 婴幼儿是天生的学习者，总是想要掌握环境和征服世界，这是他们与生俱来的本能。进入空间敏感期的昊昊发现胶水瓶的盖子不仅可以插在胶水瓶上，还可以插在手指上，他学习到了"插"这个动作，因而开始反复尝试这个新技能。但是由于手的精细动作发展还不成熟，时而成功时而失败，但这并不妨碍他继续探索，直到成功。

📝 1984 年 2 月 7 日（1 岁 3 个月）

虽然已经会说"奶奶"，但不是很熟练。有时叫他说"奶奶"，他不说，偶尔又能说。经常能叫"妈妈"，很容易发出"ma"及类似的音。除能叫妈妈外，在和人"藏闷儿"时嘴里发出"man"的声音，东西没有了说"mai"。

对不同的人有不同的反应。见了奶奶一定要抱，然后就到小柜子里去拿书，叫奶奶和他一起看，或是叫奶奶抱他看各屋墙上的画。还要看看门外或窗外的天是否黑了，去摸门上的窗子(图 33)。

图 33　奶奶抱着，还要看窗外是否天黑

看见大奶奶来了，总是高兴地笑，不要抱，因大奶奶经常对他说："我抱不动。"白天睡觉时，爷爷、奶奶、叔叔推他在小车上睡，他很快就能睡着。晚上则一定要妈妈陪他，还要闹一阵才睡。

比较容易模仿别人的动作，看见电视里有人拍手、举手、踏脚，他也照样做。

这几天已能用两手同时敲打玩具，比较自如。仍是左手比右手灵活。

🖋 昊昊能主动请成人和他一起看墙上的画，说明他表现出了对阅读的兴趣和主动性。

🖋 可以用两手同时敲打玩具，这是昊昊的一个进步。在这之前他通常一次只能玩儿一个玩具，左右手交替进行。"两手同时敲打"标志着昊昊手的操控能力和协调能力正在增强。婴幼儿之所以这么喜欢摆弄物体，是因为他们在探究这个世界，通过做他们能做的事情来熟悉周围环境。

看见水桶、小罐子，也像成人一样往里面放东西，然后用盖子盖上。

由于成人常常捡起他吃饭时掉在桌上的东西吃，他也常常捡起东西放在嘴里。

白天他指着电视要人打开，奶奶总是说"天黑了才有"，所以一到天黑，如果电视没有开，他就叫着要人开，指着电视说"啊，啊"。

最近仍喜欢看几本书里固定的几张图画，如几个脸贴脸的娃娃、各种车、大的人脸、有许多小白兔的画面等。翻到喜欢看的一页就跺脚，笑。看见汽车就发"ou，ou"的声音。很小的、无颜色的小汽车图，他也很容易发现。

拿到一件新鲜东西（无论是小盒子、瓶子、玩具还是小棍、小包），先两手翻来翻去，试试能不能打开，摇一摇有没有声音，看看里面有没有东西。玩儿一段时间兴趣就逐渐降低。几天未看见的玩具再出现时，他又来了兴趣。

平时睡觉躺在小车上，手里一定要拿件东西，慢慢入睡。这两天奶奶看他睡午觉，说"闭上眼睛"，他就闭一下。不给玩具，他也能安静地躺着。他把手放到嘴里，奶奶说"不吃手"，他就把手拿出来。他要翻身时，奶奶说"不动"，他就不再动。午间基本上很快就能入睡。但晚上黑了灯，奶奶照样看他睡，他就不肯，哭闹，一定要找妈妈。

最近可以用语言指导他的行动。比如说"把××拿起来，送到××去""过来""不动""你的鞋呢""坐坐""你的书呢""不放在地上，放在××上"，等等。知道一些东西的固定位置，如书要放在小柜子里，玩具要放在纸箱里，吃饭要到屋子里去。他不许奶奶睡妈妈的枕头（认为应当是妈妈睡的地方）。

最近不常要人抱，除了初见到爸爸、妈妈、奶奶时。一般拉着人的手去达到自己的目的（如要别人给他吹口琴，讲书，帮他爬上高处）。

🐢 昊昊此时的动作已经不再是单一的、孤立的行为，他用手翻来覆去、尝试打开、摇一摇……这是经过整合协调的动作，是探索世界的早期行为图式。行为图式是婴幼儿身上反复出现的行为模式。这些行为模式构成了婴幼儿学习的基础。父母要理解孩子对环境做出的各种积极的探索，鼓励他们的操作、摆弄、敲打甚至破坏，这些行为对孩子的智力、想象力和情感的发展必不可少。

💡 昊昊这些"经常"的行为与一种上下运动的垂直图式有关，说明昊昊此时对上下运动很感兴趣，垂直图式就是支配他的行为图式，他不断地通过攀登获得上下的运动体验。父母可以在此时多让孩子进行一些上下运动的游戏，如爬梯子、举高、乘坐电梯等。

💡 昊昊把水桶或者筐子放在头上当"帽子"的行为标志着象征思维开始出现，他可以用一个客体象征另一个客体，这种象征思维的发展会促使假装游戏的出现。这一阶段的婴幼儿学会了创造，而且可以回忆起以前看到的事物在头脑中留下的表征。

💡 昊昊拨动轮子、试着上弦都没有让螺旋桨转起来，尽管奶奶给了"用手抓住飞机，不要碰螺旋桨"的方法，但显然这太复杂了。这么复杂的关系是一个1岁多的孩子无法建立起来的，这也导致昊昊没过一会儿就失去了兴趣。看起来，孙伯伯送的玩具还不太适合这个时期的昊昊。这件事带给父母的启发是：婴幼儿的操作能力是一个逐渐发展的过程，早期的婴幼儿适合选择可以直接抓握、敲击、摆弄的，容易让他们获得掌控感的玩具，过于复杂的机械玩具并不适合他们。

🖋 1984 年 2 月 11 日（1 岁 3 个月 4 天）

没人时，自己爬上了奶奶的床坐着。经常自己爬上椅子，蹬床栏杆，蹬上小车……

喜欢拿重的东西，如搬小椅子、凳子、水桶。

玩儿水桶或自行车的筐子时，有时提着，有时往里面装东西，有时又放在头上当"帽子"。

已能正确地指点自己身上的衣服和器官，如问他"花衣服呢""新裤子呢""你的眼睛呢""鼻子呢""耳朵呢"……都能指对。

生气时就噘起小嘴，一动一动的。问他："昊昊怎么生气了?"他也噘嘴。问他"怎么笑了?"他"啊，啊"地敷衍一下。问他"怎么哭了?"他就发"啊，啊"的声音。其他如"做个怪样""拍拍手""摇摇头"，都是早已会的，仍没有忘记。

🖋 1984 年 2 月 13 日（1 岁 3 个月 6 天）

昨天，孙伯伯送给他一个直升机玩具。起初是别人替他上好弦，放在地上，他看着飞机上面的螺旋桨转动。今天他已不满足于看，看见螺旋桨转动时轮子也转，他就去拨动轮子，但不成功，很着急。轮子与上弦处很近，他去拨弄轮子，要学上弦，但不成功。奶奶教他用手抓住飞机，不要碰螺旋桨，螺旋桨就继续转了。他玩儿了一会儿，不久就没兴趣了。

对书百看不厌，从书的第一页翻页翻到最后，再用另一只手翻回来。看见喜欢的图画，如小兔、漂亮阿姨、小娃娃脸，特别是各种小汽车，就停下来笑笑，跺跺脚。看见画上的汽车，就把玩具小汽车拿起来和书上的画比一比。看见画里有几个黄色提包（和爷爷的很相似），就去看爷爷的提包。看见他小时候的相册里有爸爸，就叫"mama"（现在管爸爸叫 mama，叫妈妈的发音正确）。

平时看见汽车或汽车的图画总是发出好似汽车行驶的声音。今天外面的汽车开过去的同时鸣了一下喇叭，奶奶说"di"，他笑了。奶奶重复多次说："汽车叫 di。"每次他都笑，过了许久他也发出"di"的声音。

总喜欢玩儿爸爸的收音机，这几天收音机被他摔坏了，妈妈又给他一个小的、坏了的收音机。他玩儿了几天，放不出声音来，就不感兴趣了。

看见妈妈的被子、枕头，就跑过去把头放上去，好像睡觉的样子。看见妈妈的手表，就把耳朵侧过去听，并不拿走。书上有手表的图画，他也对照奶奶手上的手表看看。

听大人讲书时注意力较集中，时间较长。有时自己两手打开书或报纸，模仿成人看书看报的样子。

1984 年 2 月 15 日（1 岁 3 个月 8 天）

一个人能独立玩儿一会儿，但总是要有实物。同时很愿意和成人一起玩儿。常常拉着成人的手，叫成人坐下给他讲书或和他一起玩儿玩具。

愿意模仿成人的动作。成人扫地，他一定要去拿扫帚，学着扫地的样子。今天自己爬到大人的吃饭桌上，拿着菜勺来舀碗里的菜吃，很得意的样子，弄得到处都是菜汤。

这几天大奶奶看他。没有出门去玩儿，但他很乐意在阳台上玩儿。一听说"戴帽子""穿衣服"，就很兴奋，迫不及待地要出去。在阳台上能看见路上来去的行人、汽车、自行车，特别高兴。看见有车过去，就发出"eng，eng"的声音。

婴幼儿早期与书的互动就像交朋友。一次次的"重复阅读"不仅能使他们体验到与"老朋友"见面的快乐，也能在反复的阅读中加深认识。

昊昊听书时注意力集中，注意时间增长，是阅读兴趣的重要体现。成人的阅读行为会为孩子提供有益的示范。

昊昊的表现恰好反映出这一时期的婴幼儿主要是通过动作和玩物游戏来认识和掌握环境的。昊昊在 8 个月以前，喜欢和成人玩儿，但大多数时候处于被动的角色，1 岁以后开始主动发起游戏，能带着成人去玩儿。这种趋势带给家长的启发是：成人是孩子与现实世界之间的中介，应尽早和孩子一起玩儿，共同的游戏不仅会给孩子带来愉悦，也会促进孩子的认知和社会性水平不断提高。

最近仍很容易按节拍发声。

仍不会坐便盆，见了便盆总要把盖子盖上去。

从 2 月 16 日晚到 20 日上午住在姥姥家，白天还玩儿得挺高兴，一到晚上他就要穿外套，想回自己家。

因常尿裤子，姥姥说："谁又尿啦?"他不高兴，看见妈妈时显得很委屈。妈妈哄他睡觉困难，五姨一抱，他就能睡着。

今天上午回家，见了奶奶不像以前那么亲热，自己照旧玩儿玩具。晚上停电，他很不高兴（他总是喜欢亮亮的屋子），可能因人多，做饭晚了，他已经饿了，所以哭闹，入睡也比较困难。

☞ 当婴幼儿有能力控制排泄后，他们能从这个过程中得到满足，并且会反复试探自己憋住大小便的极限，因此会常常出现尿裤子的现象。这个时候，父母或其他家庭成员千万不要表露出责备和厌恶的态度，也不要刻意强调，这样反而会让孩子觉得紧张、委屈，甚至会产生排泄恐惧。

这几天看见自己的枕头、椅垫或是奶奶的床（未铺罩单）时，都要把头放上去装睡。

收音机坏了，他仍拨来拨去，还放在耳朵边听（没有响声）。

看见一个细长条硬纸壳做的红色盒盖，他就拿起来放在头上，像是用梳子梳头。再看看不是梳子，就扔掉了。

平常见到勺就放到嘴里。今天刘焱阿姨（奶奶的研究生）带来很多玩具。他坐在地上的垫子上玩儿，看见玩具勺（和他平时吃饭用的勺形状不同），拿起来想放进嘴里，看看奶奶，不敢吃，又放下了。因平时他若将玩具放在嘴里，奶奶总是说"不吃"。

中午奶奶喂他吃饭时，他手里也拿一把勺，自己用勺搅拌碗里的饭，去喂奶奶，喂自己。

刘阿姨带来的玩具中有小碗，他只是拿来敲来敲去，没有往嘴里放。下午和奶奶一起玩儿一个水杯(大人用的塑料杯)和一个盖奶瓶的盖子(U 形的)。奶奶拿这两件东西假装"喝"，他笑了，也拿起这两件(一手拿一件)，假装喝起来。自己喝，又让奶奶喝。一边喝，一边发出"喳喳"的声音(表示"香")。

今天玩儿刘阿姨带来的玩具，约 40 分钟，一直摆弄，反复观察，两手拿起玩具互相敲打。喜欢红色的立方积木。对娃娃也和对其他玩具一样，观察一下就放下了。有时拿起娃娃，抠它的眼睛、耳朵。发现娃娃的一只袜子掉了，只是看看娃娃的脚，没有其他表示。每次只要拿到一个新鲜玩具，他就笑，不想玩儿的就扔了。最后刘阿姨把玩具拿走，他也没有阻拦。

他曾和大人一起收玩具，但放进几个又拿出来。在各种颜色的积木中，总是爱选红色的。

这两天常叫"ba ba"，有时叫着玩儿，但也能对着爸爸叫，匆忙时仍叫"ma ma"。

平时拿到自己的小娃娃，总是放在椅子上(奶奶曾教他"叫娃娃坐坐")，今天看见刘阿姨拿来的大娃娃(穿着衣服的娃娃)后，并未放到椅子上去，因为没有联想到自己的小娃娃(形状很不一样)。

对声音、节拍模仿得较快。咬字比较困难。最近教他说"大姐姐""大奶奶"，他能说"dà dǐ dǐ""dà ně ně"。教他说"小昊昊"，他说"ǎ à à"。

1984 年 3 月 2 日（1 岁 3 个月 24 天）

最近不大要人抱，只是走来走去，到处看看，摸摸。拿到东西就要翻来倒去看看，敲敲，打打。对能敲打的或摇晃出声音的玩具很感兴

☞ 奶奶与昊昊的亲子互动对昊昊象征性游戏的发生和发展起到了积极作用。奶奶示范了假装喝的动作，昊昊模仿奶奶也假装喝，并且创造性地发出了假装的声音——"喳喳"。以"假想"为特征的游戏是婴幼儿在社会性的相互作用过程中习得的，成人直接和间接的影响都对其发展有着重要的意义。

☞ 昊昊能摆弄这些玩具约 40 分钟，足以说明刘焱阿姨带来的玩具比孙伯伯带来的玩具(孙伯伯送过一个机械飞机)更适合此时的昊昊。这些玩具能方便昊昊直接观察和摆弄，他通过敲打、抠、拉等动作发现这些玩具的特性，并为能掌控这些玩具而感到愉悦。因此，父母在给 1 岁左右的孩子选择玩具时要选择那些能直接操控、利于抓握和摆弄的玩具。

趣。对书仍很感兴趣，反复地翻页，要求大人用手指点各种图形。见到喜欢的几种图形（娃娃脸、汽车等）还是会笑。最喜欢看的还是汽车的图形。有时发出"ou——"的声音，有时发出"di"的声音。

最近墙上挂了个大表，有"嘀嗒"的声音，他喜欢站在近处听。奶奶小声说"di da"，他很高兴，说"de de"，以后看见小闹钟也说"de de"。

今天拿着小塑料杯假装喝水，还发出"喳喳"的声音。之后用手到碗里去做抓东西的样子，又放在嘴里假装吃。

总要拿各种东西，想开门、关门，开柜门、关柜门，开抽屉、关抽屉。不一定拿里面的东西，只是看看再关上，然后再打开。

拿到东西玩儿时，总要看成人的表情。特别是当拿了知道不应当拿的东西，一边拿，一边看看大人。拿到能玩儿的东西后，常常要找大人一起玩儿。

最近教他蹲在地上小便，不用尿布，他已经能自己蹲下尿。但偶尔会忘记，仍尿裤子。还做不到用盆尿。看见盆子就要用手拿。

1984 年 3 月 7 日（1 岁 4 个月）

会发不同的"a"的音，如"ma，ba，a，da"。说汽车"di di"时总是发"de"的音。"奶奶""姐姐"的音都发不准。

练习坐盆已经太晚了，常常在裤子里拉、尿。最近要求他坐盆，他很反感，偶尔能尿在盆里。

凡是能盖上的小玩具或物品，他都试着去盖，认为盖子应当盖在上面。对于小的东西，如塑料胶水瓶的小鸡头，有时碰巧才能盖上去，但他总要去盖。

常常拿着小椅子、小垫子玩儿。叫他坐下时，他总是面对着椅子或垫子去坐，所以坐不上去。

☞ 随着象征思维的发展，再加上之前奶奶与昊昊的积极互动，昊昊开始了"假装"游戏。

☞ 昊昊这一时期正在对空间发生兴趣，他努力尝试"打开""关上"的经验，他已经意识到了空间有"容纳"的特点。昊昊反复尝试用开、关来验证这个发现，他并不关心里面是不是有东西，更在意的是开和关这种动作体验，这是之前在玩具中不曾获得的体验，它让昊昊有了更强的掌控感。

☞ 15 个月以上的幼儿会在理解语言的基础上，逐渐开始说出词汇。这些词汇是幼儿语言发展中的最初词汇。语言的发展是比较慢的，幼儿到 18 个月左右能说出 50 个左右的词汇。

☞ 昊昊开始对带盖子的物品感兴趣，并且不断地重复"盖"这个动作，虽然只有碰巧才能盖上胶水瓶的盖，但仍然乐此不疲。昊昊想要通过自己的努力完成"盖上"的动作。

喜欢吃鸡蛋、牛奶，见了就不要别的。还喜欢吃虾片，自己拿着往嘴里放，然后用手再往嘴里塞，很好玩儿。

1984 年 3 月 15 日（1 岁 4 个月 8 天）

这几天动作又有进步。自己爬上椅子站在上面，然后转过身来再坐下。有时蹬在小车的踏板上，没法爬上去（实际是上不去的）。最近能自己坐在小椅子、小凳子和垫子上，知道要转过身来坐（图 34）。

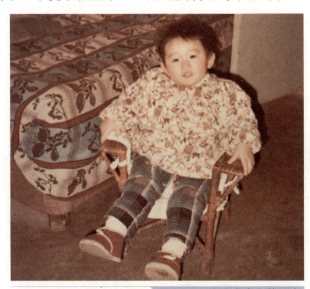

图 34　自己坐在小椅子上

为了保证妈妈念书，爸爸常照顾他，所以他对爸爸的感情好了起来。每天下午爸爸回来，一定要爸爸抱他出去玩儿。天快黑时就等待爸爸、妈妈回来。有时望着大门喊"ma——"（对爸爸仍有时叫"ma ma"，但已会叫爸爸）。一听见门响就往大门处跑。有时听见楼梯响，有人上来而未进门，他就不高兴地叫嚷。

近来晚饭时总要坐在妈妈或爸爸的腿上，和大人一起吃饭，还指着要吃的东西，手里玩弄大人用的筷子。其他几餐知道回自己屋子里吃。

💬 对于婴幼儿来说，父母的陪伴非常重要。如果父母能多花一点时间和他们在一起，解释周围世界中的事物和现象，丰富他们的活动，就会帮助他们理解周围世界并进一步扩展思维。随着婴幼儿的成长，经验越来越丰富，他们就能运用语言来表达自己对世界的理解。

只要看见有人做什么(如开柜门、开抽屉、拆信、翻书、用钥匙开锁、扫地、拖地)，他就要去学。让他拿过一次的东西，下次就还会要。对于和他说过不能动的东西，已知道不去动。有时成人对他的态度不同，这个人不许他拿的东西，那个人又给他玩儿，因而他会哭闹。

☞ 在陌生人面前感到害怕或紧张，这表明昊昊认知的进步带来了情绪的发展。心理学家通过研究发现，婴幼儿只有记住了熟悉的面孔才可能开始害怕陌生人。随着对家庭成员依恋的形成和自我意识、自我情绪的发展，昊昊在陌生人面前会感到害怕。父母要理解和尊重孩子的这种情绪，不要强迫他们在陌生人面前表演、强迫他们与陌生人互动。

🖋 1984 年 3 月 22 日（1 岁 4 个月 15 天）

以前见到奶奶的客人来，总要跑到奶奶身上去坐着，看见客人很高兴。最近对陌生人总有些怕。如果奶奶坐在里面，外面有个陌生人，他就不敢再走到奶奶面前去，而是站在那里不敢动，甚至哭起来。有时奶奶的门关着，他一推开，先是很高兴，想跑进去，一下看见有陌生人，回头就跑，不再进去。

一天，他看见奶奶的研究生在门口站着(以前见过多次)，旁边没有熟人，立刻就哭起来。

奶奶生病躺在床上，有人坐在床前和奶奶讲话，爷爷抱他坐在腿上，他刚开始很高兴，过了一会儿看着陌生人就哭起来。

仍喜欢看书上的画和翻书页，即使没有画，也喜欢翻个不停。对于生活中见过实物的图画，一般能认识。大人问他："××在哪儿?"他都能指对。尤其是汽车的图画，无论多小都能找到。

晚上电视上播放国歌，他最喜欢看五星红旗，看着电视站着不动，直到国歌奏完。看书时，如果书上有红旗，他也很容易发现。

☞ 自从幼儿学会走路，解放了双手，他们就喜欢用手摆弄各种物品。但当"随意摆弄"的体验被满足时，幼儿就会失去兴趣。如果没有成人的支持，幼儿的行为就只能停留在他现有的认知水平上。在奶奶介入之前，昊昊只是拿积木敲敲打打，很快就失去了兴趣。当奶奶和他一起"摆高高"后，他发现了新的玩法，在奶奶的帮助下成为更有能力的操作者。

🖋 1984 年 3 月 31 日（1 岁 4 个月 24 天）

大奶奶给他几块无色的积木，有立方体的、长方体的八九块。前些天他只是拿两块敲敲打打，过一会儿就无兴趣。今天奶奶和他一起"摆高高",把积木一块一块摆起来,他也照样搭,玩儿得很高兴。上午玩儿了将近半小时,下午又玩儿了半小时。每次搭高了(有时可搭四五块)都要叫爷爷看看,要爷爷说:"真好!真好!"直到叫他去吃饭,他还舍不得放下。

✒ 1984 年 4 月 1 日(1 岁 4 个月 25 天)

今天对几块积木的兴致已不如昨天的高。奶奶把那块长条积木放在椅子上推动,模仿汽车行驶,一面说"di di",他也照样做。以后一给他拿积木,他就挑选这块长条积木,对其他积木不太感兴趣。

最近训练他坐盆,已不反抗,也不玩儿盆,能坐着大小便。但若偶尔忘记提醒他,他仍会在裤子里大小便。

✒ 1984 年 4 月 7 日(1 岁 5 个月)

这几天已习惯坐盆,有时还能主动说"bǎ bǎ"。有时自己蹲在地上大小便。

最近训练他坐在小椅子上吃饭。饿的时候或是有喜欢吃的东西时能安静地坐着,等到吃了一些,不太饿了就要起来。

仍喜欢出门,回来时不愿意进家门,总要继续往楼上跑。

每次摆积木都要坐在小椅子上,把积木放在前面的凳子上摆。对摆高不太感兴趣了,喜欢拿着长条积木模仿汽车行驶的样子。偶尔也能搭起几块,过一会儿又"开汽车"。

白天吃四次,夜里仍要吃一次奶。

> 💬 把积木块当作汽车玩儿,是象征性游戏的表现。象征性游戏的重要特点是"以物代物",即用一个物品去假装或代替另一个不在眼前的物品,就像昊昊现在用积木当"汽车"。幼儿通过"以物代物"为自己创造了特殊的游戏条件。象征性游戏的出现标志着幼儿思维的进步。父母应该理解他们的"假装",认同他们这种特殊的学习方式。

✒ 1984 年 4 月 22 日(1 岁 5 个月 15 天)

大舅公、二舅公、三姨婆、二舅婆等亲戚这几天在家里。他不大认生，并能分清谁是谁，但常常不好意思。

对摆积木有时候挺有兴趣，一块一块往上摆，可以摆五六块。

有时能模仿别人的声音说词语，咬字不准，但声音和节拍很对。例如，"来啦"，他说"啦啦"；"开门"，他说"啊门"；"爷爷"，他说"呀呀"；"阿姨"，他说"啊啊"。

常常喜欢在词语前面加一个"大"字，如"大家家"（大姐姐）、"大滴滴"（汽车）。

见到爸爸、妈妈就要出门，也容易撒娇，要抱着。爸爸、妈妈不在家时比较省事。

🖝 早期阅读图画书对幼儿的词汇学习和概念获得有重要的作用。

对于书上的图画，凡是见过的东西就容易认出来，即使是单线图也认识，如汽车、电视机、收音机、灯、球、鸟、苹果、鞋和衣服等。平时看见电视机有布盖着，总是说"mei——"（意思是没有），看见书上的电视机没有影像，也要说"mei——"。

不喜欢吃青菜或主食。最喜欢吃鸡蛋、牛奶、冰激凌、酸奶等。见了虾片总是吃不够。晚饭总要和大人一起吃，见了筷子就要拿，一边玩儿一边吃。

能把胶水瓶的小鸡头插在鸡脖子上，把瓶盖盖上。

喜欢看电视节目开始时出现的红旗，安静地听完国歌，两手摇动，很高兴。

1984 年 5 月 7 日（1 岁 6 个月）

昨天，爸爸、妈妈带他到学校图书馆前照相，因那里开了很多花，很好看。让他独自站在毛主席像前的台子上，他摔了下来，头摔破了，哭得厉害，也未照成相。

最近又不喜欢摆积木了，只是拿一块长条积木在桌上、椅子上推着走，模仿汽车行驶的样子。有时拿着一只鞋子也这样做。

近来说的话多了一些，但仍不清楚，只是叫"爸爸""妈妈"很自然，很主动。这两天叫"奶奶"也较清楚。其他的词一定得要求他说，他才说。声音的音调、节拍、字数(有时连续五个字)都正确，就是发音不正确。比如叫他说"姥姥"，他就说"yǎo yao"；叫他说"昊昊真不乖"，他说的音调和节拍都对，只是说不对字。但偶尔也主动说一些词。比如看见画上的帽子，就主动说"mào mào"，看见阿姨就说"a ao"。

他总喜欢奶奶书桌前面的椅子，上去之前一定要把椅垫扔开(因为他每次站在窗前的椅子上向窗外看时，大人总是把椅垫拿开，才让他站上去)。他喜欢红色的铅笔，拿着不肯放。奶奶拿几支别的颜色的笔，边说"一支红笔，一支蓝笔，一支花笔"，然后用手抓起说"一大把"，他也说"ba ba ba"，很高兴。

要求出门，或要爸爸、妈妈抱时，大人叫他先把笔还给奶奶，他会听话。

看见钟表，即使没有声音，也要发出"ti ti"的声音。

坐下时，先面对椅子，然后再转身坐下。

五一后，每天早上爸爸骑自行车带他到姥姥家，下午接他回来。已经习惯了，不哭，玩儿得很高兴，睡得也不错。

这几天又不肯坐盆。前些天，大奶奶叫他站着，给他接尿，他又不习惯坐着小便了。

喜欢听大人唱歌或说有韵律的儿歌，要求一遍一遍地重复。问他"红旗怎么唱"，就说"de de"。总要奶奶唱骆驼歌，看见书上有骆驼，就用手指着骆驼并对奶奶说"a a"。他听到唱"叮当——叮叮当"时便发出"de de de de de"的声音，音调高低、节拍与唱的歌相同。

如果大人把东西藏在背后，他看不见了，总要到处去找。

👉 此时昊昊的语言发展进入了"电报句"阶段。这个时期多数幼儿能将两个词组成简单的句子，他们用双词句表达自己的想法，语言听起来就像发电报一样，只有表达关键意思的词。虽然这些词语表达的意思还很有限，但是处于该阶段的幼儿已经掌握了基本的语言功能，更愿意通过语言和成人积极地互动与交流。

👉 婴幼儿对音乐的感知能力发展早于对人类语言的感知能力，许多婴幼儿在还不会走路的时候，就会随着音乐扭动自己的身体。昊昊喜欢听大人唱歌，以这种形式和成人进行思想与情感的交流，感知歌声中的节奏、音高、韵律等音乐要素。常常给婴幼儿唱歌，有利于他们音乐感知能力的发展。

✐ 18 个月左右后，幼儿会进入词汇爆发时期。他们说出的词汇会越来越多，也越来越愿意主动表达。

✐ 重复性的动作给昊昊带来了快乐。这恐怕就是皮亚杰所说的"动即快乐"吧。

✑ 1984 年 5 月 19 日（1 岁 6 个月 12 天）

最近很关注玻璃里面反射的人影，尤其在电视机没开的时候，看见有奶奶的影子，特别高兴，总要说"奶奶"。有时也指着用布盖着的电视机说"奶奶"。最近叫"奶奶"很自然，和人再见时说"bai bai"，要什么东西主动说"拿"。喜欢学人说话，如"哎呀""你这个孩子"，他说不清但声音有些相似。

见了奶奶的书桌就要把椅子上的垫子扔开，自己爬上去拿桌子上的笔，做出写字的样子（一般都是用左手）。喜欢红色的铅笔，还要求大人拿另一支笔给他画画。

经常做重复的动作，如爬上椅子，再爬下。看见大人收鸡蛋皮，他也把鸡蛋皮装进碗里，然后倒出来，再装。把椅子踩脏了，看见大人用抹布擦，他也抢着去擦，擦了又去踩，踩了又去擦。

喜欢模仿大人的动作。例如，奶奶在地上踏步，他也照样做。奶奶经常把垫子放在椅子上坐，他也把奶奶的垫子放在他的小藤椅上，然后坐上去。看见电视里的舞蹈表演，他也伸出双手，转身子。

✑ 1984 年 5 月 27 日（1 岁 6 个月 20 天）

最近能说的词汇增加。说"奶奶"已很自如。要东西就说"拿"。吃鸡蛋时，问他嘴里吃的是什么，他说"蛋蛋"。叫爷爷时有些被动，叫他说，他才说，而且说不清楚，发"nue nue"的声音。说娃娃是"yao yao"。看见人的耳朵说"er jiao"。吃糖时说"dang"。要开门时说"阿门"。再见时说"bai bai"。让他叫陌生人"奶奶""阿姨"，也开始能叫，但总有些不好意思。嘴里常常叨叨念念，听不清说些什么。问他某件东西或某人在哪儿，他说"那儿"。

看见书上画的书包，以前要是再看见爷爷的真书包时就指着"a a"，现在虽没看见真的书包，但只要看见书上的画，问他："这是谁的书包？"就回答："nue nue。"（爷爷）

看见奶奶的书桌总要坐上去（图 35）。现在能把椅子上的垫子放在别的椅子上或床上，而不扔在地上（因每次大人都叫他放在椅子上或床上）。

图 35　看见奶奶的书桌总要坐上去

妈妈带他去坐汽车，他回来后非常高兴。问他刚才上哪儿去了，他说"di"，有时说"妈妈"，意思是妈妈带他出去了。

开始能等待，如等着电视节目开始。看各地的天气预报时，知道画面上一会儿会有汽车的图画，他能注视着并安静地等待汽车出现（每次都要用手指汽车）。有时他急着要做什么，拿什么，吃什么，对他说"等吃完××再吃××"，或"洗完手再拿……"他都能接受。

看见镜子里的东西或玻璃板下面的相片，他说"拿"，但拿不起来。看见发亮的东西能照出人影，都会说"奶奶"。

仍是看见人就想到有关的事。例如，看见爸爸就要出门，看见奶奶就要上书桌。

知道怎样做会摔疼。如果摔疼了，下次就会小心。

💬 昊昊的表征能力进一步发展，实物不在眼前的时候，也能进行指代。

💬 昊昊对人和事物的认识逐步深入。在事物之间建立联系是婴幼儿认知发展的一种表现。

☞ 昊昊能够根据形象的大体轮廓命名图形，把画面形象与生活中熟悉的事物进行联系，这是理解图形和表征事物的重要一步。

☞ 这说明昊昊能感知和比较物体的大小。儿童在婴幼儿期就萌发了对物品大小的模糊感知。

对物体的形状要求不高，如用积木当汽车。看见纸上画的一个稍微像汽车的图形，就说"di di"。

看见平时最喜欢的大汽车，他叫"da di di"。也常常把小汽车拿在手上（图 36），别人问他要时，他只给小的，不肯给大的。那天到小朋友家去玩儿，看见人家有个更大的汽车，他就立刻把手上的大汽车给别人，去换人家更大的汽车。

图 36　平时最喜欢大汽车，也常常把另一辆小汽车拿在手上

☞ "m""n""d""b"等是婴幼儿较早掌握的声母发音，以这些音开头的词汇不需要复杂的口形调整，婴幼儿更容易学会。

1984 年 6 月 7 日（1 岁 7 个月）

最近又有些新的发音，能较清楚地叫"爷爷"。开始时有"n"的音，逐渐出现"y"的音。他发音的顺序是：①ma（妈妈），mei（没），mo（藏闷儿）；②da（大），di（嘀、汽车），dan（蛋蛋）；③ba［爸爸、把把（大小便）］，bai bai（再见）；④n（奶奶、拿、那儿呢），y（爷爷）。

现在问他："××在哪儿?"他答："那儿呢。"说得很清楚。以前要鸡蛋时说"蛋蛋"，这两天能说"鸡蛋"。

　　每学一个新的发音，开始时总是比较被动。重复地教他，他才能勉强说，说了还不好意思。如果说不出来，就哼出那个词的高低音。"耳朵""头发""眼睛"他都知道，一边指一边哼出高低音，等到会说时才用力地说。说过几次后，就比较主动自如。例如，开始时叫"爷爷"很勉强，现在远远看见爷爷，就用手指着说"爷爷"。

　　仍喜欢重复动作，爬上椅子后下来，下来后又爬上去。

　　妈妈给了他四个蓝色纸盒，他非常高兴，摆了很久，摆了又推倒，推倒了又急着要。接成一长列后就推着动，说"di di"。盒子的一面有黄色方块，他每次摆时都将有黄色方块的一面面向自己，后来发现盒子可以打开，打开后就想用力盖好。但是盖了多次盖不上，就失去了兴趣。

　　在妈妈床上发现一根头发，第一次见到时往自己头上放，后来就走到床头，把头发扔掉。

　　最近特别喜欢像大人一样活动。例如，喜欢坐在大人的椅子上，在大人的书桌上画画，在大人的饭桌上吃饭。看见大人读报，他也要两手拿着纸做读报的样子。

☞ 语音的获得是需要练习的。成人要多鼓励孩子发音。

🖋 1984 年 6 月 15 日（1 岁 7 个月 8 天）

　　这几天又会说几个新词。把"下地"说成"阿地"，把"笔、大笔"说成"北、大北"，能把"阿姨"说得较清楚。能连续说"爸爸 bai bai"，但说"奶奶 bai bai"时，就要分开说。叫他说"阿姨 bai bai"时，只能说出"阿姨"，嘴型还转不过去说"bai bai"。

　　前些天因大奶奶回老家，每天送他到姥姥家，早去晚回。现在大奶奶回来了，问他要不要上姥姥家去，他说"ou ou"（"不"的意思）。问他跟谁玩儿，他说"妈妈、奶奶"。

☞ 在能说出的词汇量逐渐增加之后，幼儿就会将词汇连在一起来表达更清晰的意思——双词句的出现表现出幼儿对句法的觉察。

看见大人扫地、擦地、擦桌子、擦椅子，他都要模仿。这两天故意蹲在地上撒尿，然后对着墩布说"拿"，拿到后就去擦地。

1984年6月22日（1岁7个月15天）

这几天语言有发展，凡是学会了的词都能主动地说，如"奶奶拿笔""拿大笔""大把"。"拿大 di di""啊木""奶奶摆"。要出门时说"奶奶 bai bai""爸爸 bai bai""妈妈 bai bai"。称爷爷为"ya ya"，就说"ya ya bai bai"。好姨的"好"字发不出，就说"ǎ yi"，不会说的词只出高低声。

画画时要把汽车摆在纸上，问他画什么，他就说"di di"。有时画圆圈，随便乱画，说是"鸡蛋"。

要喝水或喝奶时自己会找，并说"奶"。最喜欢说"吃鸡蛋"，他只吃蛋清（煮的）。

左手仍比右手灵活，拿东西、拿笔、画画都用左手，除非两手各拿一支笔时，就用两手一起画。

1984年7月7日（1岁8个月）

近来语汇又在增加，有名词和动词，如"奶奶摆（积木）""拿大笔"。问他"家里的人在哪儿"（指当时不在家的人），他都说"班——di di"，意思是骑车上班去了。看见有关的东西就用语言提出要求。例如，看见奶奶的书桌上有放笔的盘子，就说"拿笔，拿大笔"；看见书上的骆驼，就说"de——de——de de de"（学唱：叮——当——叮当当）；看见有红旗的画就说"da di"（指国歌的开始）。凡是看见像公共汽车的玩具和图画都说"大 di di"，凡是看见像小汽车的（无论图形大或小）都说"dao di di"（dao 即"小"）。看见圆珠笔叫"大笔"，看见蜡笔叫"蜡笔"。

☞ 昊昊已经说出了双词或三词句。这种句子表达意思明确，但形式简略，结构不完整。

☞ 昊昊能够用"大"这个词汇来表达对物体的量的感知，但没有根据量的属性进行区分，比如不能用"长"来描述笔的长度，或用"多"来描述笔的数量，所有物体都用"大"来描述。

☞ 昊昊在画前已经有了明确的想法，出现了表征意图，能够为涂鸦命名，赋予图形意义。

☞ 昊昊说出的名词和动词增加，在为说出具有主谓宾结构的句子做准备。

以前凡说起与自己有关的事都指指自己（不会说自己的名字），如问"谁弄的""这是谁的"，他都拍拍自己的胸，但最近有时候会回答"你"。

开始学说"是不是"的"是"，只能说"细"，还得反复教他，他才肯说。

奶奶说"你这小淘气"，他说"da di da da di"。奶奶说"小不点的小 di di"，他说"dao di da di da di di"。音调和节拍都对。

他不赞成的事就说"mei"（"没有"的意思）。笔秃了画不出来时也说"mei"。教他说"积木"，仍有些困难，但能说出"di mu"。凡是不太会说的词都不敢大胆地说，较被动，说出后还有点儿不好意思。

喜欢摆积木，但总要奶奶摆。他自己爱摆成一列，并说"di di"。

常常要去"妈妈屋"，也会说"奶奶屋""奶奶抱抱"。还能说"da"（花）、"ji"（旗）、"bou"（破）。

汽车轮子掉了，自己拿着并主动说"di di dao da"（di di 掉啦）。

昊昊还不能完全理解人称代词。随着婴幼儿自我意识的萌芽和发展，"我"就会出现。

1984 年 7 月 14 日（1 岁 8 个月 7 天）

最近的词汇量又有增加，但说不清楚，"d"的音较多，如"大 di di""dao（小）di di"。别人说"大 di di"，他会主动说"dao di di"。会说"大奶奶 bai bai"。把"下地"说成"dao di"，"积木"说成"di mu"，"扎"说成"da"，"小弟弟"说成"dao di di"，"破"说"bo"，"倒啦"说成"dao da"。

不会说"叔叔"（只出音），说时也不好意思。但见了家里其他人，如爸爸、妈妈、奶奶、爷爷、好姨、大奶奶及阿姨等，都能主动地说。

奶奶问他："我是谁的奶奶？"回答："你奶奶。"有时奶奶对他说，"我不会弄""我够不着"，他就喊"爸爸"，意思是让爸爸给弄。

最喜欢摆积木、画画，早上一醒就说"爸爸摆（积木）"。看见奶奶在旁边，就说"奶奶能摆"。自己也学着摆，每天重复多次也不厌烦。本来只会说"ma mu"（积木），现在能很费劲地说"di mu"，但还喜欢故意地说"ma mu"，边说边笑。

看见奶奶或爸爸的书桌，就说"拿笔"，总画不厌，大多时候画半圆形或长线，说这是"di di"，一边说一边画（图37）。

也画椭圆形，说这是"鸡蛋"。对着大椭圆说"大鸡蛋"，对着小椭圆说"小鸡蛋"（图38）。

💬 图37和图38都是有控制的涂鸦，特别是圆形和椭圆形的出现，为画出封闭图形做好了准备。让幼儿给涂鸦命名是非常好的引导方式，能帮助他们在看似不明确的图形及其所代表的事物之间不断建立联系，理解图形可以代表生活中的事物。

图37　画的汽车

图38　大鸡蛋和小鸡蛋

他平时喜欢吃鸡蛋，不肯给别人吃。但画在纸上的鸡蛋，奶奶叫他假装拿着吃，他也给别人吃。自己总说"gi gi da（吃鸡蛋），奶奶"。

仍特别喜欢吃蛋清和用奶瓶喝奶。

他已经好多天没有玩儿球了，在户外看见别的孩子玩儿球，就跑回来在玩具箱里找球。找出红球、绿球，玩儿得很有兴致。又发现好多天未见到的玩具，都很喜欢玩儿。

1984 年 7 月 21 日（1 岁 8 个月 14 天）

　　最近仍喜欢玩儿汽车，摆积木，画画。大人在纸上画汽车，他在前后画圈圈，表示车轮和车灯（图 39）。

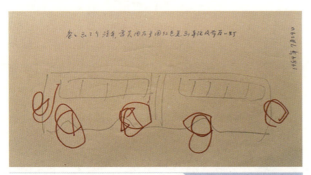

图 39　车轮和车灯

　　如果画一个拖拉机的轮廓，他除画轮子和灯外，还在车后画两条横道，表示拖车（图 40）。

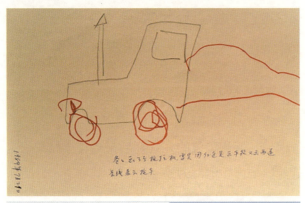

图 40　拖拉机带拖车

　　词汇量又增加一些，如"gi 车"（汽车）、"gi 奶奶"（姑奶奶）、"奶奶"、"好姨"。跟着大人能说"da di da di da di di""小 di di"。对于有些东西，他有他的叫法，但发音不清楚，如"吃糖""大虾片"。

　　爸爸、妈妈带他去坐汽车，他特别高兴，不愿意回来。

　　👉 能画出事物最突出的特征是儿童画的一个特点。昊昊能感知并用图画表达汽车的整体形状及构成部分。

　　👉 两条长线生动简约地"概括"出拖车的样子，这是象征期儿童绘画的主要特点——没有过多的细节，轮廓和线条相似即可。可以说这一幅是"朴素的抽象主义"作品。

仍只爱吃鸡蛋、牛奶（用奶瓶喝）。总要说"gi gi dan""拿奶"。

这几天教他用勺和杯子练习吃喝，吃得不太好，弄得满身都是。

🖋 1984 年 7 月 28 日（1 岁 8 个月 21 天）

自己能独自玩儿 5～10 分钟，如拿汽车在桌上走，摆积木。今天拿着一块抹布摆来摆去，一会儿放在桌子上，一会儿挂在小车栏杆上，一会儿又去擦桌子、椅子……

看见爷爷的书包，能说"爷爷背包"，也能说"爸爸背包""妈妈背包"。知道东西属于谁的时就会指着说"奶奶的，爸爸的，妈妈的，好姨的……"对于不会说的词，仍只是发出自己习惯发出的声音（高低、快慢都对）。

喜欢听大人唱歌，能安静地听一会儿。仍不好好吃饭，饿的时候能安静地吃，吃一会儿就要到处跑。

看见空碗、筷子、勺，会假装吃。看见垫子、枕头，会假装睡。看见认得的图画、相片，能主动地叫名称，但还不能分真假。

常不好意思，看见陌生人不好意思，做了什么被人夸奖时也不好意思，自己说出了新词也不好意思。表现是用手蒙上眼睛，或把头扭过去，用眼睛斜着看人。

今天爸爸抱他到爷爷单位的住处，后来到楼上姑奶奶家门口，那个门和爷爷住处的门一样，他以为是爷爷家，就要进去。进去后才知道是陌生的地方，爸爸离开那里下楼拿东西，只剩下他和姑奶奶，于是他大哭起来。后来奶奶去抱他才止住哭。

👉 昊昊对自我的认识在发展。

👉 昊昊出现了分离焦虑，但在成人回来给予安慰之后可以很快地平复下来。这是安全依恋的一种表现。

🖋 1984 年 8 月 4 日（1 岁 8 个月 28 天）

最近更喜欢画画，要画很久，已经不是乱涂，自己能有意识地画汽

👉 昊昊的绘画意图越发明确，图画表征能力进一步发展。

车，两头画车轮(图41)。

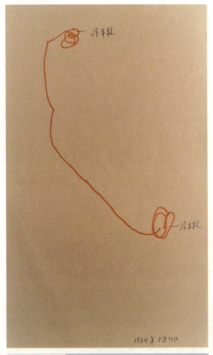

1954年5月48

图41　有意识地画汽车

……👉 幼儿对事物的表达以象征为主，形态
不需要与实际事物完全一样。他们画头
发一般用垂直的竖线，一方面表示有头
发，另一方面表示头发是"长"在头上的。
昊昊知道电车有电线、人脸两边有耳朵，
这说明他对物体整体与部分的关系有了一
定的感知。

　　如果大人替他画好汽车轮廓，他会在上面画两条线，表示无轨电车
的电线，并说"大大的 di di"。

　　爸爸画了一张人脸，他用红笔很快画了两边的耳朵。爸爸说"还有
头发'扎'"（因他最近头发很短，用手摸自己头发时扎手），他便在头上
画了一些头发(图42)。

　　拿一块抹布可以摆弄一二十分钟，或擦桌椅，或擦自己的身子，或
把抹布挂在椅子上，或看抹布上面的图画……

　　对于一些新词，教他说，他就能模仿说，如"汽车""再见""舅公"。
对于一些词，仍是有音无词，如"起来""讲""画""叔叔"。

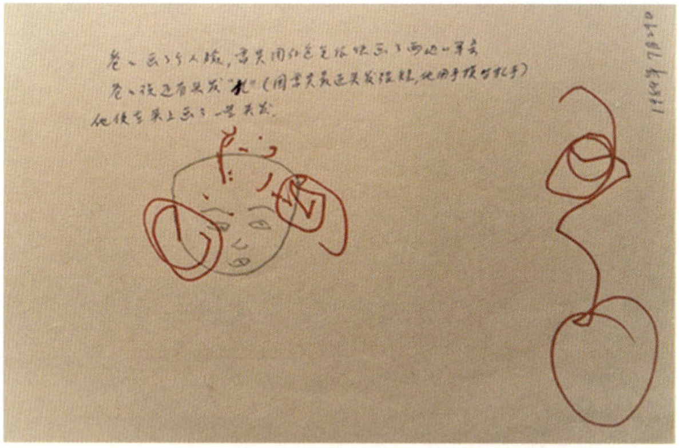

图 42　耳朵和头发

玩儿四节电池，可以摆弄很久，缺少一节的时候，就到处找，一定要找全四节才肯摆弄。

画圈圈，认为这是鸡蛋，用手抓着"吃"，给别人"吃"，有时还给电池"吃"。

☞绘画和游戏中都蕴含了幼儿表征能力的发展。

1984 年 8 月 18 日（1 岁 9 个月 11 天）

仍喜欢出门（到户外去），画画，喝奶（用奶瓶），吃鸡蛋，玩儿汽车，摆积木。

见了书桌就说"拿笔"，"啊，啊"（画画）。喜欢用本子画，一页一页地翻。每张纸上画一点，然后再翻到空白的纸上画。仍以画汽车为主，要画"大大大大的 di di"。

☞对喜欢的东西反复描画是幼儿的特点，这样可以帮助他积累使用画笔的经验，保持绘画兴趣。

词汇量又增加了一些，如"妈妈抱拿奶"（想要出门取牛奶）。对于自己做不到的事，就说"妈妈帮""奶奶帮""爸爸帮"。以前一直不会叫叔叔，最近能叫"du du"。

☞这种句子也被称为"电报句"。
"sh"的发音比较难掌握。有研究表明，在 3 岁半到 4 岁的阶段，90% 的幼儿能正确发出这个音。

今天玩两个大公共汽车玩具，不断放进纸盒里，再拿出来，重复多次。看见纸盒上也画着公共汽车，就说"一样"。这样玩了十几分钟，一直很感兴趣。在大床上玩时，自己坐在玩具汽车上。奶奶问他坐汽车到哪儿去，他说"班"（平时大人坐车或骑车出去，他都说是"班"——上班去了）。

这些天妈妈休假，常在家里，所以他特别黏妈妈，睡觉时一定要找妈妈，也比较娇气，爱哭。

看见糖盒就要"gi dang"（吃糖），自己会剥糖纸。

只要看见大人做事就要模仿。妈妈给他剥了糖纸后，他舔了一下糖纸，他每次剥了糖纸后也要舔一下。看见爸爸爬上柜子去摆书架，他也要爬上柜子，不让他上去就大哭（图 43）。

图 43　爬上柜子

仍喜欢"藏闷儿"，常常躲在门后或椅子、柜子后面说"闷儿"，很高兴，并重复多次。仍常常趴在奶奶的床上装睡。

1984 年 8 月 25 日（1 岁 9 个月 18 天）

已会不少连贯的词，但常常让人听不懂，如把"洒水车"说成"da dei dou"，把"奶奶拿笔画画"说成"奶奶拿笔啊，啊"，把"上大床"说成"上

☞ "d"是婴幼儿较容易发出的声母，会被替代使用。

da dong"。发"d"的音最多，如把"叔叔"说成"du du"；大人说"你这小淘气"，他说"di da dao da di"。音调、节拍都对。有时他说的话大人听不懂，大人说"不懂"，他也说"不懂"。

他做错了事，妈妈常说"不对"。他要做自知是不对的事时，一边做一边喊"不对"。

会唱几首歌，音调不准确，但节拍和字数都是对的。大人唱的和平时不一样时，他也说"不对"。

喜欢看电视上放映有红旗的国歌和各地的天气预报。每次看时都很专注，目不转睛。听到国歌时，双手打拍子。这样的活动已持续了三四个月。

摆积木仍是他的兴趣，但最近只喜欢几种形状。特别喜欢凹形积木，拿两块放在一起，从中间的圆洞向外看（奶奶曾这样做过），同时还说是"门嘀嘀"（因常去看汽车房）。最近认识了三角形积木，拿起一个三角形积木主动说"三角积木"（当然音发得不准）。奶奶教他从许多积木中找出三角形积木，他能找出来。

👉 这说明昊昊能够感知、识别并命名三角形。圆形、三角形、正方形是幼儿最早认识的图形。在成人的引导下，2 岁左右的幼儿不仅能够识别和指认这些基本图形，而且开始能够用词汇表述这些图形的名称。

画画时除画汽车外，就是画圆形，说是"鸡蛋"，并用手抓着吃，也给别人吃。对着大圆形叫"大鸡蛋"，对着小圆形叫"dao 鸡蛋"。

最近到爸爸的实验室去，有不用的电话，知道拿起来放在耳旁。现在看见电插头也拿起来放在耳旁，表示"打电话"。

👉 昊昊可以"以物代物"，继续出现象征性游戏。

喜欢玩儿抹布、手巾、手绢，摆弄许久都不肯放下。常常蒙在脸上对着大人说："奶奶没，妈妈没……"

✒ **1984 年 9 月 1 日（1 岁 9 个月 25 天）**

近来对三轮自行车（买来不久）很感兴趣，车太高，还不能骑，就推来推去。今天奶奶说地太脏，叫他拿长把扫帚扫地。他扫了一会儿，把扫帚放在车上(拖在地上)，又推着车走来走去，扫帚在地上拖，他主动说"扫地车"。他近来已能从画册上认出多种车，并叫出名称，如拖拉机、扫地车、大坦克、高射炮。虽然咬字不清，但都能指着画说出来。

看见报纸就打开，学大人看报的样子。认识图画书上的红灯、绿灯、黄灯。对绿色圆珠笔叫"绿笔"。今天拿着魔方玩儿，上面有红、黄、绿、蓝的方块。问他哪个是红的，哪个是绿的，他都能正确地指出。

词汇量又增加了些，如"妈妈抱""上奶奶屋""奶奶屋黑""奶奶屋亮""大红花""花篮""电影"。指着画能说"飞机""大轮船""大老吊车""小老吊车""大坦克"。

画画又有进步，画汽车时能画出轮廓，然后再画轮子和灯，以前只是画道道、圈圈(图 44)。

☞ 昊昊能够理解抽象的颜色名称，很了不起！

☞ 昊昊已经能用事物的外形轮廓来代表事物，这是象征期儿童绘画的主要特征。

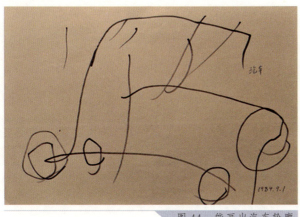

图 44　能画出汽车轮廓

✐ 1984 年 9 月 3 日（1 岁 9 个月 27 天）

今天开始上托儿所，早上被爸爸、妈妈带着去时很高兴，以为是出去玩儿。到了托儿所，老师和他玩儿，爸爸、妈妈离开时，他也没哭。过了一阵子想起来不对头，便哭起来。今天只去半天，中午就回家。

☞ 这是幼儿在入园适应过程中的常见表现。对幼儿情感上的关注和回应，能更好地帮助其适应托儿所生活。

📝 1984 年 9 月 5 日（1 岁 9 个月 29 天）

今天开始在托儿所睡午觉，据老师说哭得厉害，别人一哭他就哭。下午晚饭前，奶奶便把他接回家，他一见奶奶就喊"奶奶抱抱"。在老师们面前显得胆小、拘谨，回到家里又活跃起来。

📝 1984 年 9 月 16 日（1 岁 10 个月 9 天）

说话的内容增多，但发音仍无进步。常常说别人听不懂的话，如"da dao de de"（大老吊车），"奶奶 a ai"（奶奶起来），"di da du du"（警察叔叔）。说完还说"奶奶不懂"，猜错他的话或重复他的发音时，他说"不对"。

☞ 昊昊对自己发音的判断和监控能力还在发展中。对自己发音的觉察有助于幼儿发出正确的语音。

已在托儿所两个星期，最近不大哭，但早上不愿意去，总是要"上大操场""上大门口""上姥姥家"。下午回来之前，如果接晚一点，只剩两三个小朋友，他就要哭。

星期日在家里睡午觉十分困难，总想玩儿，不肯睡，非常兴奋。

仍喜欢汽车，玩儿不够。在抽屉里找画册，翻了几本都不要，只要有汽车的书，翻到有汽车的一页就很高兴，然后找红绿灯。

听妈妈讲大灰狼吃小白兔，他就哭。奶奶讲"玩具找不着了"，他就"怕"，等讲到"找着了"，他就笑。

在托儿所学会唱"小板凳摆一排"的歌（字不清楚但音节正确）。在外面看见石凳时便唱起"小板凳"来。

看见挂着的塑料食品袋上有水珠，就说"下雨"。看见奶奶用转笔刀削铅笔，很感兴趣，总是拿笔杆在转笔刀内比一比，拿出来，然后再放进去。

☞ 昊昊出现去情境化的象征行为，可以脱离真实睡觉的场景进行象征，象征性游戏的能力进一步发展。

不仅看见大床时会假装睡觉，看见沙发、小桌子、椅子时，也把头放上去装睡。

喜欢玩儿手绢或有花的毛巾，两手拿住两个角，铺在桌上，挂在椅子上，蒙在脸上，和人家"藏闷儿"。仍很喜欢"藏闷儿"，别人看见他时便大声笑。

仍喜欢画画，不但要画汽车，还要画气球。奶奶画了红灯、黄灯、绿灯，他很高兴，然后他又在灯下面画一条长线，说这是"气球"（图 45）。

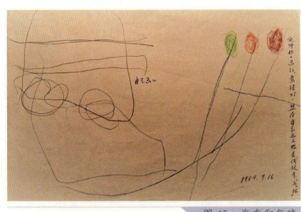

图 45 汽车和气球

昊昊越来越能发现图形和身边事物的相似性，绘画能力进一步发展。

已认识几种颜色：红、黄、蓝、绿、白、黑。刚开始时只认识红、绿、黑，看见一片黑色就说"ong"，后来逐渐认识另几种颜色。问他："哪个是红的？"他能指出来。问他："这是什么颜色的（同时指着红的）？"他说："红的。"

拿小棉垫和手绢玩儿时，指着棉垫说"大的"，拿起手绢说"小的"。

玩儿玩具汽车时，如果有人说"昊昊坐汽车上公园啦"，他就一定要真的坐在玩具汽车上。

晚上在大床上玩儿积木，把装积木的盒子盖好，坐在上面，说是"di di"，然后说"凉"（盒盖是铁的），接着便把枕头放在盒子上，再坐上去。

昊昊能够比较物体的大小，并准确表达。

　　5日下午，奶奶在托儿所开会，陈老师把昊昊抱出来，然后奶奶带他回家。第二天，陈老师到他们班上时，他一定要"陈奶奶抱"，并说"奶奶、妈妈"，意思是奶奶可以抱他找妈妈。全天都不肯离开陈奶奶。隔天上午仍如此，陈老师和客人谈话，他就坐在旁边等着。[①] 过了两天奶奶去接他，抱他出来时看见陈老师，陈老师再要抱他，他就不肯了。

🖋 1984 年 9 月 22 日（1 岁 10 个月 15 天）

　　昨晚发烧，今天没有去托儿所，上午跟奶奶玩儿。

　　玩儿"警察叔叔"时，他把玩具警察推倒了，奶奶说："警察叔叔摔疼了，快把他扶起来，给他吹吹就不疼了。"他便照样做，然后又推倒，扶起，吹吹。连续不断地做，边做边笑。

　　他拿半个中药丸的外壳玩儿，奶奶说"喝水吧"，假装用"小碗"喝水，他也拿起来"喝"。奶奶说："给警察叔叔喝吧。"他喂了"警察叔叔"，又喂"小马"，重复多次，然后又喂玩具汽车喝水。

　　看见书上画了几个人站在那里，他说"排队"。奶奶把几种汽车连在一起，他也说"排队"。他还把"警察叔叔"和"小马"也放上去，说"排队"。

　　他拿"小碗"喂自己，喂奶奶。奶奶说"我吃面条"，他看看空的"小碗"，说"没面条"。

　　玩儿积塑片玩具时，奶奶给他插了个汽车，有轮子，他说"没灯"。奶奶给他找了两个黄色圆轮插在两头，他很满意。他把插好的积塑片都拔开，并说"摆"，然后就插了又拔，拔了又插，重复多次（图 46）。

　　👉 成人在象征性游戏中的作用：可以给幼儿提供示范，也可以帮助幼儿拓展游戏情节和内容。

　　👉 昊昊的游戏中出现了"物的假装"和"人的假装"，他也可以作为施事者进行假装。

---

① 以上据托儿所主任陈磊老师讲。

图 46　玩儿积塑片玩具

奶奶给他拿 U 形瓶盖当碗，他装着喝了又喝，一会儿又把瓶盖当汽车放在桌上推来推去，说"di di"。

他已经见过别人打电话，妈妈也教他唱了打电话的歌。今天拿起"警察叔叔"小人，后来又拿汽车放在耳旁说"喂"（表示打电话）。

他说"bǎ bā"，是要小便。奶奶说："你自己坐盆上，奶奶不帮。"他对着便盆坐在凳子上，怎么也坐不上去（不会转身背对着便盆坐）。

他会唱的歌要自己唱，奶奶一起唱时，他就要求"奶奶不唱"。

仍是用左手拿笔、拿勺，偶尔用一下右手，很快又换用左手。

☞ 昊昊出现了拿 U 形瓶盖当碗喝水、把瓶盖当汽车推来推去等动作。这些动作有着积极的意义，反映了他象征性游戏的发展。皮亚杰认为象征性游戏是思维开端的标志。象征性游戏数量的多少往往与成人或伙伴的影响有关。家人与昊昊共同游戏，提供玩具和材料等行为，都对昊昊象征性游戏的发展产生了积极的作用。

1984 年 10 月 2 日（1 岁 10 个月 25 天）

最近词汇量又增多了，有时说得清楚，有时说得不清楚。他说得不清楚时，别人若学他的发音，他就说"不对"，并尽力再说清楚些。自己玩儿时，嘴里总是唠唠叨叨，自言自语，如"大汽车""小汽车""排队"，或是唱学过的歌（虽然唱不准，但能让人听出他在唱什么歌）。

妈妈拿回一个挂衣服的小圆架，每个夹子上都有个铁圈，他看见铁圈就说"月亮"。他非常喜欢看月亮，为的是能到外边去。看到半圆或正圆的形状，他都能很快叫出"月亮"。

☞ 幼儿早期语言学习方式可分为两类：指代型和表达型。昊昊的学习方式属于指代型，其语言学习所用的词汇主要用于指代物体。这类幼儿往往对探索物体有兴趣，他们经常模仿成人，给各种东西命名，成人会反过来模仿他们——这是帮助幼儿记住新名称，以促进词汇量增长的一种策略。

现在自己能画几种画：汽车，红、黄、绿交通信号灯，气球（图47）。右手偶尔能画，但基本仍用左手。

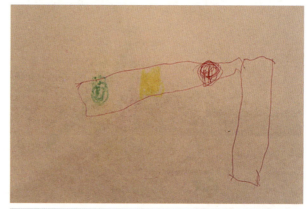

图 47　交通信号灯

今天看见奶奶用手摸头发，主动问："奶奶干吗呢?"

早上总想出门，有时也说"上托儿所"，但出门后就要往另一个方向去。

前几天好姨送给他一辆"油罐大卡车"，一天到晚不肯放手，睡觉时突然醒了，也要大卡车。看书也仍是找有汽车的书看。

1984 年 10 月 7 日（1 岁 11 个月）

对插积塑玩具很感兴趣，爸爸给他插过"电扇""卡车"。他总是要求别人替他插，插好后能玩儿很久。对插好的车特别感兴趣。奶奶给他插个小房子，把玩具汽车放进去，他更高兴，总是说"门嘀嘀"。

有时能画圆月亮和星星。也能在汽车上加一些长线，说是"大老吊车"。

在托儿所学了歌谣，回来后嘴里常常唠唠叨叨，字说不清，但基本能按声音、节拍说对。有时一边说，一边唱。看见摆了汽车，就唱《小

昊昊看见铁圈就说"月亮"，看见半圆或正圆的形状都能很快叫出"月亮"，这是儿童语言发展中的词义泛化现象。他们会用一个词"月亮"来代替和月亮形状相似的任何东西。

图 47 中交通信号灯的结构已经非常清晰。昊昊能够抓住事物的突出特征进行描画，视觉观察和记忆能力都很不错。

昊昊用"门嘀嘀"表示有门的汽车，这反映了幼儿语言学习的特点。

昊昊在积累了绘画和日常观察的经验后，开始画出汽车的组成部分等细节，也能在画出的图形上通过添加线条来变化成另外的事物。昊昊已经很熟悉图画的表征功能了，并能将对熟悉事物的认知反映在画面上。

汽车》歌谣。看见小鸡、骆驼、红旗，就联想起相应的歌。

有时看见图画和某件东西相同，就说"一样"。

1984 年 10 月 14 日（1 岁 11 个月 7 天）

语言又丰富了一些，如能说"我吃炸鸡蛋放酱油""找不着啦""妈妈拿走啦"。看见别人做什么事就会问："××干吗呢?"问他："大白积木哪儿去啦?"答："丢了。"

插积塑玩具时，如果别人插的方法不对，他就不满意，说"不对"。一定要按固定的方法去做。奶奶帮他插了一个长排（红白相间），并说是火车，他特别高兴，一边说"gang gang gang"（火车声），一边唱歌。奶奶在"火车"上放一块长条积木，说是"烟筒冒烟"，他也很高兴，然后摆了好多块，都说是烟筒。奶奶把小鸭积木放在火车上，说："小鸭坐火车。"他立刻又找另外的小鸭、小羊、小兔积木，都放在"火车"上。问他："它们坐火车上哪儿去?"答："上动物园。"

看见电视上放映马拉松赛跑，他说"大操场"（因他经常在师大校园的大操场上看到人们跑步）。

玩具掉在地上了，奶奶说"它摔倒了"，他拿起来给玩具"吹吹"，因为他自己摔倒或碰疼了什么地方的时候，大人们总是给他吹吹。

奶奶把大汽车放在桌上，说："大汽车睡觉了。"他赶快把汽车侧倒过去，并拍拍它。

1984 年 10 月 20 日（1 岁 11 个月 13 天）

最近虽仍不愿意去托儿所，但也知道必须这样做。今天奶奶送他去时，他很不高兴，叫"大奶奶"，因为每天都是大奶奶送他去。他认为如

💬 这一行为表明了昊昊认知能力的发展，他能回忆起不在眼前的某些事物，其记忆能力有了很大的提升。

💬 在出生后的最初两年中，成人在婴幼儿的游戏中扮演着重要的角色。奶奶通过给昊昊提供玩具和游戏材料，与他共同游戏来促进彼此间的社会性互动。昊昊在获得愉悦的游戏体验的同时，也在操作过程中获得认知思维的发展。

💬 因为昊昊自己摔倒或碰疼了什么地方的时候，大人们总是给他吹吹，所以昊昊看到玩具掉地上了，也会拿起来给玩具"吹吹"。这一行为，一方面，体现了昊昊的"泛灵论思维"，即认为无生命的物体具有与生命类似的性质，玩具也会疼，汽车也需要睡觉；另一方面，说明昊昊会观察与模仿成人的行为。

果奶奶在家，就可以在家里和奶奶玩儿（如星期日）。到了托儿所哭了一会儿，老师给他脱衣服时便停止了哭。

老师反映昊昊什么都不会：不会吃饭、洗手、穿衣服。这两天教他自己用勺吃饭，并用右手拿勺。他能自己吃进去放在勺里的东西，而且很高兴。每吃完一勺后，要看看别人是否注意了他。

他学唱歌比较快，图画书上有两只小鸟在大树上，奶奶唱"有两只小鸟站在大树上"，他很快就能自己唱起来。

最近咬字仍不清楚，有时重复教他几次发音，差不多能学会，有些字能说清楚。有时说很长的句子，仍说不清楚。

近来教他把玩儿过的积木和积塑玩具装进盒子或袋子里。他也喜欢这样做，但总是装进去之后又倒出来。奶奶让他一块一块拿出来玩儿，他有时能做到。

👇 将积木和积塑玩具装进盒子或袋子里，然后倒出来，表明昊昊在积极探究周围的环境，通过运用自己的感官和动作来认识并理解周围的世界，从而促进了身心发展。

1984 年 10 月 21 日（1 岁 11 个月 14 天）

中午睡觉比较困难，爸爸、妈妈、大奶奶叫他睡，他总要玩儿。奶奶看着他睡时，他睡得较快。他说："奶奶是老师。"

妈妈买来肉肠，他把肠子掰成半圆形，说："月亮。"

雷昊 2 岁

　　从托儿所回家总要自己走，很高兴，学会了不少歌谣，但咬字仍不清楚。

　　模仿和人打架的样子，说"打架"。今天在托儿所抓了小朋友，小朋友说"雷昊抓我"。奶奶接他时问他是否抓了小朋友，他说"是"。奶奶叫他跟小朋友说"不抓了"，并拉拉手。

　　对有同样形状的东西的大小比较在意。看见两个小白球，他会注意到哪个是大球球，哪个是小球球。和奶奶玩儿时让"奶奶坐大椅子""雷昊坐小椅子"。看见帽子上的绣花图形有点像滑梯，他说："滑梯一样，妈妈带。"意思是说妈妈曾带他坐滑梯。

> ☞ "滑梯一样，妈妈带"是典型的电报句，这样的句子往往只包括几个关键词。

　　能把大舅公、二舅公（双生）分得很清楚。大舅公常到北京来，所以他记得。奶奶前几天问他"包子这么大"是谁说的，他记得是大舅公。这两天大舅公在这里，他一点也不认生。今天二舅公也来了，一见面他就有点怕生。虽然过了一会儿就熟起来，但仍不能像对大舅公那样。问他谁是大舅公，谁是二舅公，他都能说对。

　　两位舅公送给他一辆"宇宙汽车"，能走动，还能发出灯光。他刚看到时不肯近前，可能有点怕，但也觉得新鲜，只是不肯去拿。看久了就不太感兴趣了，后来把机器关了，他拿在手上，在桌上、地上推来推去，像拿其他汽车一样地玩儿，玩儿得很高兴（图 48）。

> ☞ 昊昊的象征性游戏水平有了更进一步的提高。昊昊从用瓶盖假装喝水到把积木等物品推来推去当汽车玩儿，说明他的假装行为已经能够指向其他客体。

　　仍喜欢把东西当汽车来回推动。把积木、长铅笔、长方形书、烟盒立起来，甚至装积木的铁盒子等，都要当作汽车玩儿。只要能推着动，形状略有相似的物体，就拿来当作车。

图 48　舅公送他一辆"宇宙汽车"

大舅公给他买了个蛋糕，盒子周围是塑料硬壳，可以打开，呈长方形，他非常感兴趣，平放在地上当火车推来推去，玩儿了许久。

见生人仍较紧张，不肯说话，不抬头，急于离开，有时勉强说"再见"。

对自己仍称"你"，如"你拿"。奶奶教他说"我拿"，他便说"奶奶拿"。

听见别人说什么，他常常模仿，但咬字不清。别人模仿他不正确的发音时，他总是说"不对"。"h""j""z""ch"的音都发不出来。

1984 年 11 月 17 日（2 岁 10 天）

现在说话会加"也"和"又"字，说"爸爸上班去啦，妈妈也上班去啦""××又来了"。

画书上有"小姐姐的汽车掉进大树根的窟窿里去了"，他告诉奶奶："小汽车真淘气，它上大树窟窿里去了！"

仍喜欢"藏闷儿"，喜欢站到壁橱的门内，也叫别人站进去"藏闷儿"。

昊昊在遇见不熟悉的人时，表现出来的紧张、小心与谨慎是陌生人焦虑的体现。随着幼儿记忆的发展，他们能够把认识和不认识的人区分开来。认知的进步，使得他们能够积极地回应熟悉的人，也能够辨认不熟悉的人。

经常给幼儿读书，就书的内容展开对话可以为幼儿提供良好的语言环境，包括词汇、语法、交往技能和有关书写符号、故事结构的知识。这是有效促进幼儿早期语言发展的方法。

最近画汽车(仍用左手)，汽车上面有道道，说是"大老吊车"(图 49)。

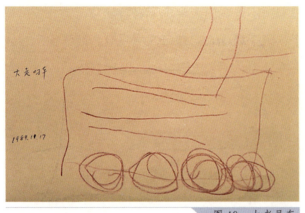

图 49　大老吊车

这几天因患气管炎，未去托儿所。在家里玩儿得很好，只是见了爸爸、妈妈就要出去玩儿。一出去就容易着凉。

1984 年 11 月 18 日（2 岁 11 天）

早上起来到阳台上，看见外面下了雪。这是他第一次看见下雪。妈妈告诉他："阳台上、房顶上、地上、树上……都白啦！"他很高兴，重复地说"都白啦"。下午自己又跑到阳台上去看，说"都白啦"。

1984 年 11 月 28 日（2 岁 21 天）

平时手里总要拿一样玩具或东西。有时放在桌上玩儿，有时拿着走来走去。

皮球掉在奶奶的书桌底下了，奶奶用长把扫帚给拨出来，他很高兴。以后连续几天，总要拿那把扫帚在书桌下面拨球，实际下面并没有球。

👉 象征期幼儿绘画的典型特点，就是用特征和外形轮廓来表现事物。2 岁多就能有这么清晰的绘画表现与昊昊早期丰富的绘画探索经验有很大关系。

👉 幼儿在学习词汇的过程中，会利用成人提供的丰富信息来学习新词。昊昊通过关注妈妈使用"都白啦"这一词汇的场景，在反复练习后，掌握了这一新词。

👉 昊昊连续几天总要用那把扫帚在书桌下面拨球，在这个过程中，他收获了好几种经验：一是获得了将扫帚作为拨球工具的经验；二是这种来回拨球的动作能为他形成"这儿"和"那儿"的概念奠定基础。

前两天有些感冒，今天发烧，扁桃体发炎，又有气管炎。不愿打针、吃药，夜里睡不好，白天离不开妈妈。

偶尔一个人坐在椅子上，独自大声唱歌。能唱很多较长的歌，只是咬字不清。

🖋 1984 年 12 月 7 日（2 岁 1 个月）

最近由于生病（气管炎转为轻度肺炎）一直未去托儿所。精神不大好，不想吃东西，睡觉不安生。这两天已退烧，仍咳嗽。妈妈不在家时能安静地玩儿，妈妈一回来就黏着要抱。

不仅能说出图画书里的图画是什么，还能说出它们是"干什么"的（因爸爸、妈妈讲过）。比如，看见较多的人站成行，能说出是"排队等火车"。对细小的图画也能注意，看见一张画片上有很小的骆驼，能唱起"叮当，叮当当"的骆驼歌。

有时故意引人发笑。比如以前看见天黑了就发出"a——ong"的声音，现在已经会说"天黑啦"，可奶奶叫他说"黑啦"，他仍故意说"a——ong"引人发笑。

看见奶奶用杯子喝水，他误认为是爷爷的，就说："爷爷的杯子。"奶奶告诉他是奶奶的杯子，并将爷爷的杯子拿给他看，他仍故意说："爷爷的杯子。"

🖋 1984 年 12 月 9 日（2 岁 1 个月 2 天）

中午睡觉时忽然发现妈妈眼睛里有"雷昊"，还要用手去抠。

每次吃药都很费事。今天妈妈把糖球放在盛药的小勺里，他看见糖球就吃进去了。

🌱 经常让幼儿阅读图画书，能帮助幼儿积累丰富的非正式读写经验。在日常生活中创设环境，有意识地引导幼儿感受并理解书面符号的意义和特征，帮助他们积累非正式的读写经验，有助于促进他们语言能力的发展。

仍喜欢画汽车，总要说"门嘀嘀"。偶尔能用右手画。

如果拿着一件条形的东西，如铅笔、长棍等，都要模仿火车行驶的样子，在桌边上推来推去。摆积木时也喜欢接成一长列，当作火车（他在画册上看过火车，爸爸也带他到西直门看过火车）。

> 🔖 象征性游戏是2~6岁幼儿典型的游戏形式。

仍喜欢一个人大声唱。妈妈叫他喝水，他说："不喝点水，唱不出来啦！"（学妈妈以前对他说过的话）

有鼻涕没有手绢擦，他说："拿奶奶手绢得啦！"以后常常如此说。

有很多饼干的时候，在大人的要求下愿意分给别人吃。若是他喜欢吃的东西，就不肯给。

> 🔖 这一阶段婴幼儿的自我概念开始形成。在这个过程中，他们会花大量时间捍卫自己对物品的占有权。因此，一般来说，成人不能一味地要求他们分享。

奶奶和他一起玩儿时，要求他把汽车给奶奶玩儿一会儿，他不肯。妈妈装着哭闹，他就给奶奶了，但又马上说："给昊昊玩儿一会儿。"这样反复几次。

玩儿"套盒"的时候，打开又装进去，反复五六次不厌倦。能按大小、颜色放好。

🖋 1984年12月23日（2岁1个月16天）

病好后不愿去托儿所，每天早上都哭着、喊着要妈妈抱，但到托儿所后也能高兴地玩儿。

对奶奶屋的门帘有些怕，站近时看见帘子被风吹得晃动，就吓得赶快跑，可嘴里又说"不怕"。

仍喜欢拿笔画画，一张一张地画，总要找没画过的空白纸画。爱画大汽车，或叫别人给他画"红灯、黄灯、绿灯""警察叔叔"。能持续画十几分钟。

能持续摆积木、玩儿汽车20~30分钟，自己玩儿得很好。喜欢找同样的积木，并注意把有色彩的一面都摆向一个方向。

> 🔖 积木是不同年龄段幼儿都喜欢的玩具。

1985 年 1 月 2 日（2 岁 1 个月 26 天）

前两天又着凉了，爸爸、妈妈带他到新年联欢会上玩儿，吃杂了。昨天开始发烧，今天高烧。叔叔和妈妈带他到儿童医院去看病。回来后不断地说："这个医院有大黑帘子(门帘)。"大概有点怕，印象太深。

看电视仍只喜欢红旗(开始奏国歌时出现红旗)和天气预报，几个月来一直愿意看。听国歌时两手打拍子，看天气预报时能说出许多城市的名字(有时是听完了再说，有时一看见图形就先说出城市的名字)。

会唱不少歌谣，虽然咬字仍不清楚，但能知道他在唱什么。也喜欢听成人唱歌。

1985 年 1 月 7 日（2 岁 2 个月）

因1月2日上午及下午都发高烧抽搐，身体较虚弱。最近爱哭，尤其见了妈妈更容易哭。这几天吃药、打针都会引起不愉快。不过对打针已渐渐习惯，从今天打针开始不哭了，紧张时喊了一声"阿姨"，引得护士们都笑了。叫他说"谢谢阿姨""阿姨再见"，他也都说了。

仍喜欢让别人给他讲书。对于喜欢的几本书，总要重复地看，百看不厌。有时自己看书，也学妈妈的口气"后来呀……"

家里有客人来时仍显得拘束，有时用手蒙上眼睛走进来，想来是不好意思。

喜欢摆积木，能有规律地摆。有时摆出"火车"；有时摆出"天安门"，并且在中间放一个小方块，说是"毛主席像"；有时摆一摆，垒得很高，说是"昊昊的家"，还摆成阶梯的样子，说是楼梯。

☞ 这说明昊昊已经能够自己创造简单的规律。随着认知能力的发展，"逼真性"成为幼儿积木建构活动的要求。在积木建构技能方面，昊昊的积木游戏开始出现"平铺""搭高"等技能。

1985 年 1 月 11 日（2 岁 2 个月 4 天）

这两天大奶奶也生病发高烧。妈妈带他睡在奶奶屋，他很高兴，睡觉时也不闹夜。给他接尿，也未尿床。早上醒来他看见奶奶在另一张床上，叫奶奶站起来，给奶奶拿衣服穿，还要摸奶奶的"臭脚丫"。

有时故意说反话，明知道不对还要去说，觉得很好玩儿。

只要是经历过一次的事情，就要重复。妈妈指着书上画的小狗、小鸭说"这是昊昊，这是昊昊"，故意逗他玩儿。以后他一看到那一页，他就重复妈妈的话，然后说"妈妈说得不对"。

能自己玩儿较长的时间，但希望有人在旁边。今天下午他一边摆积木，一边走来走去，嘴里唱着"小板凳摆一排"。他不让奶奶唱，自己唱，一遍一遍地唱个不停。咬字不清，但音调是对的，前后唱了足有 20 遍。

如果书上有某个图形勾起他的回忆，立刻就要去行动。看到"蓝色汽车"，就要去找玩具蓝色汽车；看见"火车"，就要找积木摆火车；看见"鱼"，就去找钓鱼的玩具。

喜欢画汽车。有时竖着画，有时横着画。他在意的是汽车上有什么，喜欢画上"大黑道道"（公共汽车两节车厢中间的黑色连接部分）。但对汽车的方向是不在乎的（经常竖着画汽车）。也不考虑画的颜色，只是由于喜欢某种颜色或碰巧拿到某种颜色的笔，就画起来。对于不同颜色的同一种物体，都能叫出名字来。

☞ 昊昊不断地唱"小板凳摆一排"，这是这个年龄段幼儿学习的一种方式。2 岁多的幼儿喜欢不断地重复相同的歌曲、故事、游戏或录像，似乎从不厌倦，这种现象非常常见。"重复"对于幼儿的语言学习而言至关重要。

☞ 昊昊的绘画表现自如，开始关注汽车的细节特征。对方向不关注是幼儿绘画的一个特点，他们还没有觉察到如何在画纸上表现三维世界的上与下。

1985 年 1 月 16 日（2 岁 2 个月 9 天）

这些天仍未去托儿所。最近两天到姥姥家去，晚上回来很兴奋，嘴里说个不停。能说较长的句子，如"医院有大黑帘子""奶奶屋有大花帘子""托儿所有大红帘子"。

晚上睡觉时也较兴奋，总要玩儿很久，有时爬起来要这要那。

看书时看到某件东西就重复说某句话。一次他看见书上有太阳的画，就说："太阳。"奶奶说："奶奶没看见，昊昊看见啦！"以后每次看见太阳的画，他总要说："奶奶没看见，昊昊看见啦！"

如果有新的书出现，一连几天都要找那本书看，而且一遍一遍翻看。最近每天都要看"奶奶的大书"，要"奶奶给讲"。

以前有东西掉在椅子底下，奶奶会拿扫帚去找，最近有东西不见了，他就去拿扫帚。

🖋 **1985 年 1 月 26 日（2 岁 2 个月 19 天）**

在有轮廓的图画上涂颜色很用心，但只集中涂在一个点上。涂时不考虑颜色，对红月亮、黑月亮都满意。看见用黑笔画的旗子，就说是"黑红旗"。把鸡蛋也涂红了。

一连几天很喜欢看奶奶的书，上面有小姐姐睡觉的图片，旁边有"大红帘子和月亮"。反复地说"小姐姐有大红帘子，有月亮"，然后再说"托儿所有大红帘子""医院有大黑帘子"。他对帘子的印象很深，所以不断地说。

他并不怕书上的大灰狼，每次都要找大灰狼，而且学大灰狼吐着舌头的样子。

看见书上有折纸图形，就说是"暖气"。妈妈装东西的小桶，他拿着说是"暖壶"。奶奶说可以把"暖壶"里的水倒在碗里。他倒了，给奶奶喝，自己也喝。

自己摆积木时，摆出一件什么东西，总要给大人看看，很得意。

能理解"一个""好多""都拿来了"，也能说"两个"。数数时能轻松数到 7。

👉 昊昊曾看见奶奶拿扫帚拨球，将扫帚与消失的东西之间建立了联系。这反映了幼儿的学习能力，他们能理解成人的意图并尝试模仿。

👉 幼儿要到四五岁时才能对事物的固有色有明确的认识。所谓固有色，即物体所呈现的较为稳定的色彩，比如茄子通常是紫色的。幼儿不按事物的固有色来表现，恰恰使他们的画作与众不同。

👉 这体现了幼儿对数概念理解的最初发展特点，即能区分数量差异较大的物群，能计数 3 以内的数，喜欢口头唱数。

他一手拿书，一手拉小椅子，奶奶叫他用两手搬小椅子，他说："这个手拿书呢！"有时会说："拿不动。"

早已知道家庭成员的名字。最近又常说"爷爷是大夫""奶奶是老师"。因爷爷给他用过听诊器。奶奶叫他好好睡觉时说过："奶奶是老师，老师叫小朋友好好睡觉。"

教他把糖送给别人时，别人应当说"谢谢"。又教他说"不用谢啦"。所以有时他给别人送什么东西，自己先说"谢谢，不用谢啦"。

奶奶给他看过《光明日报》《参考消息》。他现在见了这两份报纸能叫出名称。

有时故意淘气，说错话、反话逗别人。

遇到不愿意做的事，比如到了托儿所门口，他一边哭一边说："上托儿所。"又如，想要什么东西时，大人说"不能"，他一边哭一边说："不能。"

最近家里有客人来，他愿意见面，让他叫人，他也敢大声叫，只是有些不好意思。

⋯⋯💬 昊昊的陌生人焦虑有所缓解。

🖋 1985 年 2 月 7 日（2 岁 3 个月）

从 2 月开始放寒假，没有去托儿所，情绪较好。每天下午睡 3～4 小时，休息的时间多，健康情况也有好转，已不怎么咳嗽。

吃饭的情况仍不大好，总要大人劝着、追着他吃。饭吃得少，喜欢喝牛奶，坚持用奶瓶。

能独自玩儿较长时间，拿玩具摆来摆去。自己说个不停，有时说"奶奶做事，你自己玩儿"，"妈妈做事，你自己玩儿"。有时坐在大人旁边说"跟奶奶说话"。

咬字仍不清楚，有些字的发音较以前有进步。

🍃 在这个场景中，昊昊开始出现了角色扮演行为，假装自己是警察叔叔。角色扮演行为的出现，标志着假装游戏开始走向成熟。

🍃 在这个"开车"的游戏中，昊昊拿塑料桶盖子当方向盘假装开车，拿着出租车的废票假装坐汽车。昊昊的假装游戏水平进一步提高，开始具有社会意义。成人为幼儿提供的游戏材料支持，扩展了幼儿的游戏，促进了幼儿游戏水平的提高。

大奶奶给他买了一套警察服，他非常喜欢穿，不肯脱下来（图50）。自认为是警察叔叔，常常照镜子。一次他抢着奶瓶喝奶，奶奶问他："谁喝牛奶啦？"他说："警察叔叔。"

图 50　喜欢穿警察服

他看见两个小椅子前后放着，想起来以前唱"小板凳摆一排"的歌。奶奶又在小椅子后面放了一张大的轮椅，说是一大排火车，让他坐在小椅子上，他高兴极了。奶奶又给他拿了一个塑料桶盖子，当作方向盘。他跟奶奶一起玩儿开汽车的游戏，很高兴。奶奶问他到哪儿去，他总是说"动物园"或"中山公园"，因为他只去过这些地方，而且最想去。奶奶拿出租车的废票给他，他拿着票更想坐汽车了。很认真地拿在手里，一连玩儿了几次。第二天、第三天还在玩儿。

最近画画总要用尺子，因为爸爸书桌上有把尺子。大人教他把尺子放在纸上，比着画"大辫子电车"，再用尺子中间的圆圈画轱辘。他每次画汽车都坚持用这把尺子。画得不直时一定要用橡皮擦掉（因他看到大人这样做过）。

每件事只要做过一次，他就想重复。什么东西应当是什么样子的，放在什么地方，也不能变。

1985 年 2 月 22 日（2 岁 3 个月 15 天）

这几天过春节，前天爸爸、妈妈带他去南纬路爷爷的房子那里住了一天，昨天早上又带他去动物园，中午才回来。天气很冷，虽然有点儿累，但很高兴。有点儿玩儿野了，总想出去。

能自己画一个完整的汽车，但常常竖着画，还总要画出前后车厢连接的部位，叫"大黑道道"（图 51）。

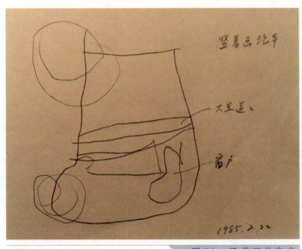

图 51　竖着画的汽车

晚上仍睡得很晚，要玩儿好久才睡。

今晚和奶奶玩儿时，他拿了三辆玩具车排队：大公共汽车、二号公共汽车、小坦克。奶奶问他："哪个是大的？"他指对了。又问他："哪个是小的？"他也指对了。奶奶指着三辆玩具车说："大的、小的、中不溜的（二号公共汽车）。"他听了"中不溜的"觉得非常可笑，大笑了半天，然后自己重复多次说"大的、小的、中不溜的"。如果指着二号公共汽车问他"这是什么"，他仍从头说"这是大的，那是小的，这是中不溜的"。

摆积木时，他喜欢在"下凹形"积木的下面放一个"半圆形"，正好嵌合。"半圆形"一面有白色漆，一面没有。一次他放反了，把没上漆的一

成人可以旋转画作，问问孩子"这幅图应该怎么看"，引导他对画纸方向建立一定的认识。

昊昊能感知比较并用准确的词汇表述三个物品的量的差异。奶奶用"大的""小的""中不溜的"来表示这三个物品的量的差异，昊昊也模仿着说，这充分说明成人的语言示范对幼儿掌握数学语言具有重要作用。

面放在外面。奶奶说："反啦!"他听见"反啦"又觉得很有意思，连续故意放反，还笑着说"反啦"。

吃瓜子时，叫别人给他剥皮。一次他把未剥皮的瓜子含在嘴里，奶奶笑着说："不能吃，扎嗓子。"他一边故意吃未剥皮的瓜子，一边笑着说"扎嗓子"，认为这个词很有意思。

📝 在与昊昊互动过程中，奶奶为昊昊学习新的词汇提供了丰富的语料。例如，奶奶用三个词汇描述了三辆玩具车的大小，边指边说，这有助于昊昊掌握新的词汇。⋯⋯

🖊 1985 年 3 月 2 日（2 岁 3 个月 23 天）

从昨天起又去托儿所，早上不愿意去，哭得厉害。回来后妈妈问："小朋友多不多?"他说："不太多。"（大概老师是这样说的）昨天晚上到凉台上看月亮（还是很喜欢看月亮），奶奶说："不是圆月亮，也不是尖月亮，是半拉月亮。"他又大笑，不断地重复说"半拉月亮"，觉得这个词很好玩儿。

📝 出现这一情况有两种可能：一种是为了宣泄情感；另一种是为了得到某件东西。在日常生活中，成人需要仔细分辨。在幼儿情绪失控时，成人需要给予安慰，但同时要基于可能的原因谨慎处理。当幼儿在宣泄情感时，成人应当允许幼儿在冷静下来后就宣泄方式进行讨论；当幼儿为得到某件东西使用策略时，成人应坚持自己的原则不妥协。⋯⋯

一不高兴就在地上爬，或把手里的东西摔在地上。

最近能比较清楚地说一些字，如"车""好""公"，但说对了之后，又故意说错逗人。

🖊 1985 年 3 月 10 日（2 岁 4 个月 3 天）

最近比较习惯去托儿所了，但早上仍不愿意去。晚上回家后总是很活跃，也很高兴（在托儿所的时候，情绪不高，胆小，不活泼）。

📝 从 18 个月到 3 岁，幼儿正在经历"自主对羞愧、怀疑阶段"。在这期间，如果父母鼓励幼儿的探索行为，幼儿就会变得更加独立与自主；如果幼儿被限制和过分保护，就容易自我怀疑。幼儿渴望拥有更多自主探索的机会，正如观察日记中所展现的，昊昊总喜欢"自己做"，在上下楼梯时，遇到大人扶着他，还要回去从头再"自己走"。成人应尊重这一阶段幼儿的特点，给幼儿提供独立行动的机会，同时给予指导。⋯⋯

总喜欢"自己做"，如上下楼梯，既不扶着扶手，又不许别人扶他。如果扶了他，他就回去从头再"自己走"。

从托儿所回家时，如果不是爸爸抱着或坐在自行车上，而是大奶奶或奶奶领他走回家，一定要"自己走"。

搭积木或插积塑片的水平有进步，因爸爸常给他插一些不同的形状，他也照样插。有时自己也能插出各种形状，如"大老吊车""小屋""电扇"。如果插不好就着急，如果别人帮了忙，他就要拆掉重新做。

还是很喜欢画画，画不齐时就着急，要用橡皮擦掉。

看见过爸爸、叔叔修理自行车。有时自己也把三轮车放倒，拨动车轮，说："车坏啦，修修。"看见倒着放的三轮车上面的轮子，就说是"方向盘"，并用手去转动。他已知道哪儿是车把，哪儿是车轱辘。奶奶指着脚蹬子说："这是脚蹬子。"他觉得这个词很好笑，重复说了好多次。

喜欢指着字念，但念的字和指着的字并不相符，比如《光明日报》《参考消息》，他一边点着，一边说，并不知道一个字是一个音。有时一边画"道道"，一边说"1，2，3，4，5，6，7"。

在托儿所又学了几首新歌和童谣，有些字仍咬不清。

> 成人可以告诉幼儿画画没有对错，也可以提供不同类型的画笔，如油画棒或者水粉刷，让幼儿感受不同线条的视觉效果。

> 昊昊能够按顺序正确说出 7 以内的数词，比前面只能正确数到 5 有了进步。

📝 1985 年 3 月 17 日（2 岁 4 个月 10 天）

春节时曾到爷爷家坐过电梯。今天奶奶在厕所的时候，他也进去把门关上，说是"坐电梯"。自己站在门内，还发出"en，en"的声音，然后说"到爷爷家啦"，开门出去，然后又进到"小屋"里反复玩儿了多次。奶奶说"开电梯要用手指按一下门框"，并用手按了一下。然后他也照样做，玩得很高兴。

> 这一情境体现了幼儿的延迟模仿能力，即幼儿看到过真实世界中发生的一些场景，过一段时间以后进行模仿。延迟模仿能力是幼儿心理表征能力发展的产物。

📝 1985 年 3 月 24 日（2 岁 4 个月 17 天）

以前奶奶曾多次给他唱《月亮歌》《五星红旗》，他并无反应。这几天他自动唱起这几首歌来，调子基本是对的。

他唱老师弹的进行曲。奶奶教他用手在小桌上假装弹琴，边弹边唱，他很高兴，重复多次。奶奶纠正后，他有时能唱对，但要想一会儿。

最近什么都要自己来。例如，关门，摆好东西，如果别人做了，就着急，喊着"自己"。

还不知道一个字代表一个音。奶奶指着报纸上的"光明日报"，他说的和手指的不一致。

对"大小""一个""两个"分辨得比较清楚。

把小椅子、凳子摆成一排，也让小汽车、小拖拉机"坐"，不能分辨车玩具与动物玩具的不同。

把书包或塑料筐挂在三轮车上说"买菜"。问他买什么菜，他能说"白菜、西红柿、苹果……"但有时也说"买汽车"。

摆积木摆成"工"字形，说是"大老吊车"。用玩具钓鱼竿钓鱼，说"像大老吊车一样"。拿着小图钉，说是"拿雨伞"。

在托儿所学了歌，回家后常常自己唱。

1985 年 3 月 30 日（2 岁 4 个月 23 天）

爷爷从上海回来给他买了两本新书。爷爷讲了一会儿，他就跑掉了。爷爷说："他不爱看书，跑啦。"他听到"跑啦"二字，感到有兴趣，故意让爷爷讲书，然后又跑走，自己说"跑啦"。

每晚都不愿意睡觉，总要玩儿。硬要求他睡觉时，他便要大哭。最近去托儿所已不哭，会和送他去的人说"再见"。

今天拉着爷爷、奶奶的手，三人围成圈，边转边唱托儿所学的歌，又表演。他主动安排爷爷、奶奶做什么。

一本书叫《自己的事自己做》，奶奶边用手指点着字边念，他手指点的字和说出来的不一致，但最后手指和发音都落在"做"字上。

早上到爷爷屋，看见爷爷睡的沙发床还没有收拾起来，他想起前些日子和妈妈在这里睡过，说："昨天昊昊在这个床上睡觉。"（对过去发生的事用"昨天"这个词。）

💬 2岁多的幼儿在与成人的互动中，不断吸收和学习新的词汇。昊昊在听到爷爷说"他不爱看书，跑啦"这句话时，努力把它分割成自己可以辨认的部分"跑啦"。他还故意让爷爷讲书，然后又跑走，自己说"跑啦"，这么做是为了极力扩展对词义的理解。

这几天又患气管炎，发烧。

能一套一套地说话，玩儿时也自言自语，但"l""g""shi""zhi"等音还说不清楚。

对于大、小，一个、两个都较熟悉。玩儿积木时看见两个"半圆形"的（他叫轱辘），自言自语地说："三个轱辘丢啦，就剩两个轱辘啦。"

看见画书上有好多图形，自己说："有××，有××，什么都有。"

自己用杯子喝水，一点也不洒，喝完说："自己送杯子。"就放在桌子上，然后说："该吃饼干了。"（这是在重复托儿所的活动）给他饼干只吃了一口，就不吃了。又趴在桌上（休息一下）。

最近对于什么事该怎么做，不肯改变。比如，进了屋子一定要把门关上。看见门开着或未关严，一定要去关。柜子上的玻璃门如未关上也一定要去关，并说"没关好"。

注意形状，不考虑颜色。比如，看见有人送来一些鸡蛋形的巧克力，他一见就说"鸡蛋"，很喜欢吃。

他自己看书看到喜欢看的画时，如果奶奶在他对面，他就把有画的一面转向奶奶，并说："给奶奶看。"

有人出门或来访的客人走时，他总要送到门口说："送，自己关门。"然后很快就跑到门外去，上楼梯，一边跑，一边笑（知道自己做得不对）。如果硬要他回来就大哭。

以前和奶奶摆椅子，做"小板凳摆一排"的火车游戏，奶奶曾拿出租车票，假装当票，他很满意。最近没有那种票，奶奶就剪几张白纸条给他，他不满意，后来把"肉票"给他，比较满意了，因为"肉票"上面有些字和图形。

现在很喜欢上托儿所，每天早上都主动要求去。

幼儿会在游戏中获得并巩固对图形和数量的感知。

✒ 1985 年 4 月 14 日（2 岁 5 个月 7 天）

看见手电筒，叫奶奶给他照嗓子，说是看病。又拿了雪糕棍叫奶奶放在舌头上，也说看病。电筒不亮了，他说："停电啦！点蜡烛。"

玩儿汽车游戏，他拿一个小万金油盒，说这是钱，"拿钱买票"。第二次奶奶拿了一个小药瓶盖给他，说这是钱。他说："不是，是方向盘。"

最近拿着篮子说"买菜"。问他买什么菜，他说："买西红柿、白菜、汽车。"

会自己吃一点饭，还吃不好。在家里吃饭还是靠大人喂。

见了妈妈爱哭，妈妈不在家时一切省事。

☞ 昊昊的象征性游戏越来越多地反映他的日常生活，如看病、坐公共汽车等。

✒ 1985 年 4 月 20 日（2 岁 5 个月 13 天）

常常把屋子当作一辆大汽车或火车。叫奶奶、爷爷……坐在椅子上，自己也坐在椅子上，发出开车的声音。首先把门关好，然后坐下，说："开到哪儿去呢？""到新街口，再坐大辫子电车。"

今天上午爸爸带他到动物园，回来后对关门要出"丝"的声音很感兴趣，关门时一定要发出"丝——碰！"的声音。

摔倒了，奶奶用两手把他拉起来，他说："拔萝卜。"

对过去的事，说"昨天我如何如何"，把以后叫作"明天"。

常常自问自答，嘴里不停地说，别人说过的话总要重复。语言更丰富，会说"××来了"、"全来了"或"都来了"；"奶奶坐上去，昊昊也上去，两个人坐"。看见起重机仍在外边，说"大老吊车还在那儿呢"。

爸爸抱他出去，下楼时爷爷、奶奶在门口送他，他说："别出来啦！"（模仿成人送客时，客人说的话）

☞ 昊昊的奶奶、爷爷经常陪他玩儿假装游戏，有助于认知和社交技能的发展。

☞ 昊昊的语言中出现了关于时间的表达，并且能较准确地运用"昨天"和"明天"等词汇。

对"你、我、他"有些清楚了：奶奶指着他对别人说"他又来了"。他也说"他又来了"。有时也能说"我来了"。妈妈教他对奶奶说："你是我奶奶。"他说："不是妈妈的奶奶，是你奶奶。"

能唱不少歌，喜欢自己唱，发音准确。他唱歌时不许别人唱。

有人送他一只活的小白兔，看见小白兔吃萝卜、白菜，就用跟奶奶说话的语气说："您吃吧。"他还不能辨别有生命和无生命的东西，拿小白兔就像玩儿汽车或其他玩具一样，用力捏着。

✒ 1985 年 5 月 7 日（2 岁 6 个月）

看电视仍喜欢看红旗和天气预报，但不像以前兴致那么高。看到其他不喜欢看的节目就说"没意思，不看了"。

仍常常把一间屋子当作"大汽车"或"火车"，把屋门关严，然后按一下门框说"嘀"，以后就坐在一把椅子上"开车"，嘴里发出"eng——"的声音，用两手转着表示开车。又说"到站啦，下车……""没有座位""有座位""到新街口""到中山公园""到动物园"。

语言比以前更丰富了，比如，奶奶说："爸爸、妈妈、叔叔、好姨都没在家。"他接着说："光有奶奶。"看见吊车时说："一个大老吊车、一个小老吊车、两个老吊车。""奶奶蹲下，昊昊蹲下，两个人都蹲下。"裤子弄脏了用手去掸，并说："掸掸。"把几个门都关上，然后说："都关好啦！"

问他："你是谁？"他答："我姓雷。"奶奶教他唱的歌中有这么两句，他并不知道"姓"是什么意思。

有时把无生命的物体当成有生命的物体，比如，让小汽车坐在大汽车上，或让玩具坐在他的小车上推来推去。

以前他不会玩儿"拉着走的小鸭车"，总想回头看着它们。现在能拉

☞ 昊昊对红旗和天气预报的兴致不像以前那么高，反映的是他学习的过程。这一现象可以用心理学中的"习惯化"来概括，"习惯化"是学习的基本形式之一，即当刺激重复呈现时，幼儿会减少行为回应。这可以帮助他们把注意焦点放在环境中的新异事件上，而不必把精力或注意力消耗在对旧刺激的重复反应上。

☞ 象征性游戏为幼儿期认知发展提供了较为理想的支持。昊昊创造出想象情境，假装屋子就是一辆大汽车，自己当司机。在这一游戏过程中，伴随着个人言语（如"到新街口"），这些个人言语能帮助幼儿使自己的行为处于思维的控制之下。

☞ 昊昊已经能够正确点数两个物体，并能用大小表达量的差异。

着玩儿，但还要回头看看。

托儿所给他理了发，回到家问他："谁给你理的发?"答："大夫。"（因理发员穿的是白衣服）

总喜欢重复大人说过的话，先模仿大人自问一句，然后再陈述（因大人常常问他话）。

看见爸爸常用榔头修自行车，他也要拿个什么东西"修理玩具车"（图52）。今天看见一个破凳子腿，他拿起来就往地上敲，并说："它坏了，修理修理。"

图 52　用榔头修理玩具车

对"大、小、中"开始能够理解。看见画册上的三只大小不同的羊，说："大羊、小羊、中不溜的羊。"

以前常看画册上"小汽车掉在树洞里，亮亮给找到了"的故事。昨晚忽然把自己的玩具汽车扔到柜子底下，说："汽车掉在树洞里了。"奶奶问："谁给找到的?"他说："亮亮。"

做了不对的事时，看到奶奶皱眉不高兴，他会笑着哄奶奶，等奶奶笑了，他说："奶奶又笑啦!"很注意大人对他的表情。

☞ 昊昊能够比较 3 个物体的量的差异。对中间量的表达仍使用"中不溜的"，再次说明了成人语言示范的影响。

☞ 昊昊已经能够准确地理解成人的情绪了。这表明他对自己的心理活动开始有了觉知。

1985 年 5 月 17 日（2 岁 6 个月 10 天）

对"你""我"的意思逐渐掌握。今天问他："你是谁?"答："昊昊。""昊昊是谁?"答："我。"他有时说："昊昊要。"问他"谁要?"他说："我要。"有时他能说"我拿"，但要想一下。

今晚到爷爷家，看见厕所立刻又说"坐电梯"。然后把门关上，假装按电钮。等到妈妈告诉他："等一会儿坐电梯去。"他急于要去，不能等待，兴奋得很，自己下楼梯，忙着跑。

现在上下楼完全不要别人扶，总要喊着："自己上（下）。"家里的大门一有人出入就要去关，喊："自己关。"

会说很多词，常常是模仿成人的口气。说的时机是恰当的，但并不理解。有些词是自己能理解，也能正确说的，比如说："××怎样?""××都怎样?"

他和奶奶、妈妈拉手成小圈，唱"拉着圆圈走走"，然后蹲下，叫奶奶和妈妈找气球，说："大人找球。"

近来对看书、画画、摆积木的兴致没有以前高。仍喜欢玩儿汽车，看汽车。最喜欢出去玩儿，一有机会就往门外跑。

试图让他学着用右手拿笔，但他总是要换到左手。偶尔能自己吃饭，但吃不好，不想学（懒），等着别人喂。

能连续唱好多首歌，虽然对词并不理解，咬字也不清楚。唱起来兴头很大，学过的都能记住。有时自己按着一个调子随便编些话（词）唱起来。

1985 年 6 月 1 日（2 岁 6 个月 25 天）

今天托儿所开庆祝会，他扮演"拔萝卜"里的"老头"。他也肯唱，肯做（图 53）。

💬 昊昊对"你""我"的意思逐渐掌握，说明他的自我概念逐渐增强。

💬 奶奶和妈妈与昊昊游戏，营造了良好的家庭氛围，有助于提高游戏质量。

对于"你"和"我"有时是清楚的，但有时匆忙中仍会说错。例如，问他："给谁……"他答："给我。"有时仍说"给昊昊"或"昊昊要如何如何"。

图 53　扮演"拔萝卜"里的老头

着急时仍会说"给你""你拿"。一次妈妈要带他出去，他告诉妈妈："妈妈先带你出去。"（因奶奶刚刚对他说"先带你出去"。）

对图画的正反最近比较注意，有时书拿倒了，自己就说"反啦"；"大奶奶给订反啦"。有一本书第一页画的花是凹形的，但他经常爱画的汽车房的大门是拱形的，所以他就说那个花的图形"倒啦"。

以前他画的汽车房叫"门嘀嘀"，现在先说"门嘀嘀"，然后笑着改口说"汽车房"。（因大人教他说"这是汽车房"。）

早晚仍坚持要用奶瓶喝牛奶，每次喝时，很安静，好像很有安全感（图 54）。

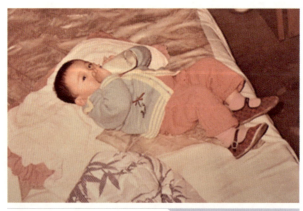

图 54　用奶瓶喝牛奶

1985 年 6 月 7 日（2 岁 7 个月）

最近自言自语较多，一边玩儿一边说。和别人讲话时，也常用较长的句子叙述一件事。有时说"后来""昨天"（表示以前）。又如，说汽车时自己说"哪儿是椅子呀"，"司机叔叔在这边"，"怎么开啦"（指放电池的盖子开了），"又有电啦"，"刚才没电"。

看一本书找不到火车，自言自语："这本书有火车，我知道。"

好姨教他："每次看见好姨回来就要说'好姨下班啦！'"今天早上起来看见好姨，他也立刻说："好姨下班啦！"

他在吃饭，奶奶问他："你吃饱了吗?"答："还没吃完呢。"

近来常常故意闹，如大声喊叫，把玩具仍在地上，不肯去捡，一定闹着要出去玩儿。有时自己生气，坐在地上不肯起来，一定要过一阵子，有人慢慢哄他，他才肯去捡玩具或站起来。总不愿在家里待着，要出门。手里没什么东西玩儿时，就要拿起周围的东西大敲大喊。

爱唱歌，看见什么东西就会联想到相应的歌，有时一连唱好几首歌，很认真，不怕累。

老师反映：他智力发展得很好，教的歌曲、古诗、英文名词，他很快就记住了。但他动作很慢，又不肯动，仍不肯自己吃饭、穿衣、提起裤子……还不会骑三轮车。

1985 年 6 月 16 日（2 岁 7 个月 9 天）

仍不喜欢去托儿所。今天是星期日，早上起来他说："不上托儿所。"妈妈说："今天不去。"他说："妈妈说话算话。"（学大人的口气）

仍喜欢在屋子里玩儿汽车，但一定要把门关上，关门时发出"气——"的声音，然后才肯坐在椅子上"开车"。

> 幼儿的自言自语即指向自己的言语被称为个人言语。研究表明，如果成人善于搭建脚手架，孩子会使用较多的个人言语，在独立完成困难的任务时也会做得更好。

> 这说明昊昊有自己的想法。这个阶段的幼儿开始萌发强烈的自我意识，坚持自己想做的事情，并通过语言、动作等来表达自己的想法。

1985 年 7 月 7 日（2 岁 8 个月）

妈妈最近晚上常去听课，不在家。因为老见不到妈妈，所以有些缠着妈妈。昨天早上哭着不让妈妈上班，后来未去托儿所，到姥姥家去了。

🖐 幼儿需要结合生活中熟悉的具体事件和现象来理解时间。在这则记录中，昊昊在说到"昨天""后天"时，能与"下雪""上托儿所"这些具体的自然现象和生活事件联系起来，就说明了这一点。

有些时间观念了，但不确切。有时说昨天如何如何，是正确的。但对很多天以前的事也说"昨天，冬天下雪啦，都白啦"。下午睡醒后说"叔叔早上好""后天我上托儿所啦"。

对左右手也知道，因为大人总要求他用右手画画。他不肯，但最近倒是用右手画了。奶奶说："用右手画好。"答："左手不行。"

能说长句话，向人讲述事情。比如说："他们看电视，咱们不看，没意思。""××上班啦，××上班啦……全都上班啦！"他穿开裆裤，坐小藤椅，说"扎"，并说要去拿个棉垫子。结果拿来一件上衣放在小藤椅上，垫着坐了。他边笑边说："我还当是棉垫子呢，感情是他妈妈的衣服。"奶奶说："不好听，是衣服。"他边笑边重复："是他妈妈的衣服。"

🖐 观察学习理论能很好地解释这一情景。昊昊通过观察周围成人的生活，模仿奶奶、妈妈、爸爸及老师的喝水方式。这种从观察中学习的能力非常有用，可以帮助幼儿从成人的错误和成功中获益。不过，成人也需要注意，尽可能避免为幼儿提供错误的学习榜样。

他用杯子喝水，奶奶说："像大人一样，一点儿都不洒。"他说："奶奶、妈妈、爸爸都这么喝，老师也这么喝。"

"上托儿所，上医院，问老师早，老师说我有礼貌"。常说复杂一点的句子，会说"……，那就……"

玩儿飞机玩具时自言自语："天上有飞机，地上有车。"

边摆积木边说："大人都会摆。"

给别人东西时，自己也说"谢谢"，或先说"不用谢"。

模仿大人的用词和话很多。敢说话，但面对生人时都是大人叫他说什么，他才说。

🖐 这则记录反映了幼儿理解数的概念时的多个特点。一是这个时期的幼儿能够口头唱数，但不理解数表达的含义，无法将数词与数量建立对应关系。二是物体的排列方式会影响幼儿计数的准确性。当排列不规整时，他们较难区分哪些数过，哪些没数过，因此容易出现重复数或漏数的情况。三是摆一块数一块是一种计数策略，是帮助区分数过和未数过的物品的有效方法。四是能正确计数 3 个以内的物品的数量。

能够数十几个数，但还不知道数的意义。点数时如果东西不排成行，就会数重复的物体，连着数下去。摆积木时能摆一块、数一块。

　　问他在动物园坐了几次火车，他用手指比着"一次、两次、三次"。问他几岁了，也常用手指伸出"一个、两个"。

　　看见奶奶一本大的红皮书放在小桌上，想起要"弹琴"，就把书立着放，"弹起琴来"。一连唱了许多歌，边"弹"边唱，约 20 分钟。

　　近来坐过两次小汽车，但还是对大汽车有兴趣。总是把一些东西想象成汽车。大床上挂了蚊帐，他睡进去说是"汽车"。自己坐在小椅子上对着纱门"开汽车"，发出汽车响的声音，并说："看，那里有大辫子电车……到站了下车了……"对汽车的想象力特别丰富，因为最感兴趣，印象又深。

　　💬 昊昊对汽车有着浓厚的兴趣。他在象征性游戏，以及画画、拼插等不同活动中多次涉及"汽车"主题。这则记录呈现了昊昊个人的假想游戏。在游戏中，他把挂有蚊帐的大床、小椅子都想象成了汽车，对物品和场景进行了转换，说明他对汽车的特征有一定的认识。

　　近来更"顽皮"，自己知道不对的事，故意做或说，还要大笑。随时都在活动，只有在摆积木或插积塑片时能坚持安静很长时间。插积塑片时边插边说："看我插的。"对成果很得意。

　　他用积塑片插了一个像拖拉机的东西，自己说"拖拉机"，然后说："这是假装的拖拉机，没有轱辘。"奶奶帮他把轱辘安上后，他特别高兴，玩儿了起来（图 55）。

　　💬 昊昊在摆积木或插积塑片时能坚持安静很长时间，且对自己的成果很得意。游戏可以给予幼儿成就感，增强其自信心。成功搭建一台"拖拉机"后，昊昊体验到了成功的快感，体验到了自己的能力。对比昊昊之前的结构游戏，我们发现无意识的建构逐渐转变为目的性较强的建构性活动，他已经开始在意搭建物体的"真实性"。

图 55　用积塑片插的车，奶奶帮他把轱辘安上

☙ 这则记录展示了成人如何为幼儿的学习提供支持。记录中奶奶和爸爸都为昊昊学习骑车积极地创造着条件。奶奶教昊昊如何蹬踏板，爸爸给轮子轴上油。最后，昊昊经过多次练习，可以自己骑了，非常高兴。

✎ **1985 年 7 月 21 日（2 岁 8 个月 14 天）**

一直不太会骑三轮车，所以只喜欢推着车走。今天奶奶教他骑上后，看哪个蹬子高就蹬哪个脚。他试做了几次，有些会了。但开始蹬的时候，有时感到困难，蹬不动时就着急，非要自己蹬，不许别人帮忙。爸爸在轮子轴处上了油，容易蹬一些。经过多次练习，找到了规律，自己可以骑了，非常高兴（图 56）。

图 56　自己可以骑三轮车了

最近不像以前那样喜欢画画了。摆积木的时间也不多，但能自己想出新花样，比如，插积塑片时用"长条形"和"井形"插在一起，用手拿着，嘴里说"啪"，表示手枪。

☙ 插积塑片是将积塑片嵌插在一起来表征某种物品，属于建构游戏。这一游戏的开展体现了昊昊的表征能力有所发展，也说明他对所表征事物的外形和结构有所认识。

推三轮车玩儿的时候已不满足于走来走去，有时放上个篮子说是"买菜"。有时把小竹椅子放在座子上，"拉东西"。今天把毛巾被放在座子上，说是"大黑道道"。还告诉奶奶："我把毛巾被放上，成了大黑道道。"把三轮车推到奶奶的书桌下面，说是进了"汽车房"。仍非常喜欢各种车。

最近越来越故意捣乱，自己说"成心"。明知道不对，还要做，一边做一边笑。

能指着对方，自己和另外一个人说"你，我，他"，说完很得意。但有时要想一想才能说对。

☞ 这一阶段的幼儿对人称代词的理解和应用能力有所提高。

能认识一些数字。

有些音，如"la""ka"仍咬不清。自己知道说得不对，又故意说错。

🖋 1985 年 8 月 1 日（2 岁 8 个月 25 天）

对骑三轮车已熟练，喜欢在毛主席像前的空地骑，地方大。有时在屋里骑，奶奶说"不是碰这儿就是碰那儿"，他觉得这句话很有意思，总是重复。

这几天美国来的表哥埃弗雷特（Everett）住在这里，他和表哥在一起"瞎闹"，玩得很高兴（图 57）。两人骑三轮车，开始时他不肯让别人骑，逐渐能和表哥轮流骑。有时一个人骑，另一个人站在后面，玩儿得高兴。但偶尔他也会打表哥。

图 57　和美国来的表哥玩儿

奶奶和两个舅公及表哥带他去爷爷家玩儿了一天，他很高兴。爷爷家的楼号只有一侧有，6 号楼有两个"6"字都写在楼的西头，他很注

☞ 昊昊关注到日常生活环境中出现的数字符号。幼儿就是在日常生活环境中认识数字符号及其表达的含义的。

意，总是说"跟咱们那儿的不一样""两个6都跑到一边去了""这头有，那头没有"。回来后一想起来就要说。

对大舅公和二舅公（双生）能分辨清楚。但有一天大舅公戴上眼镜，二舅公没有戴（平时正相反），他就弄错了。

仍愿意用奶瓶喝奶，晚上睡觉前如果不给他奶瓶，就大哭大闹。前天在爷爷家午睡前他喝牛奶时，要奶瓶，奶奶说"这里没有奶瓶"，他就用碗喝了。回来后奶奶经常问他："爷爷那儿没有奶瓶怎么喝奶呢?"他答，"拿碗喝吧"，但回到家里仍坚持要用奶瓶。

午睡时要一边喝奶一边摸着大人的胳膊，说"摸××的大胳膊"。这时他感到安全，睡得也快。但妈妈看他时，他仍很兴奋，睡得很慢。

1985 年 8 月 17 日（2 岁 9 个月 10 天）

今天奶奶、叔叔、好姨带他去天津，早出晚归，他很高兴。妈妈送到火车站，等待时间很长。上车后发现掉了一只鞋，找不到。大家说到天津再买一双。路上奶奶问他："少一只鞋怎么办?"他答："到天津再买一双吧!"

路上最关注对面的火车，对面的火车开过去了，他就要求"上那边去看"。他以为走到火车的另一头就可以看见。对路上的树木、庄稼不感兴趣。

两位舅公都来接站，大家坐小汽车到二舅公家。他很高兴，渐渐能和哥哥姐姐们玩儿了。吃饭也很乖。饭后，大舅公和他一起睡，他很快就睡着了，也没想到喝奶的问题。睡醒后先是要回家，后来玩儿熟了，用假枪"啪啪"打大舅公，自己哈哈大笑。

晚上两位舅公又把我们送到车站，到北京天已黑了，看不见外边，但他一点也不闹。在车上吃了些饼干和香肠。下了火车又坐地铁，电梯已经停了，他有些失望，但自己上了楼梯后，也很满足。

在上公共汽车时，奶奶先上去，叔叔抱着他，还未把他送上车，车门就关了（叔叔骑自行车）。在奶奶的要求下，售票员又开了门，把他接上车。一路上他说："昊昊还没上车，门就关了。"外边下大雨，天又黑，但是路灯很好看。到北太平庄时，他说"北太平庄"。下车时，爸爸、妈妈都来接他。回家后还很高兴，但临睡时发脾气，大哭，可能是一天太累了。

1985 年 8 月 28 日（2 岁 9 个月 21 天）

去过天津后，对火车更感兴趣了，每天摆火车，拿汽车当火车，画火车，还要画上车厢号。先响铃再开车。奶奶给他找了一个桥洞形积木，又用纸盒接成一列火车，他玩得很高兴。他很关注两节火车之间的连接部分，把它称为"黑道道"。

去天津时曾见过运货的火车，回来后自己也常常"运东西"。有时把积木放在卡车上，有时把篮子放在三轮车座上。

☞ 从这则记录中，我们可以深刻体会到生活经验对昊昊游戏的影响。经验是幼儿游戏的源泉。丰富的经验扩展了幼儿的游戏主题和内容。

1985 年 9 月 8 日（2 岁 10 个月 1 天）

能数数，也能把所有物体一个一个地数。知道数完后说有几个，但对数的意义认识得并不清楚。比如，小火车有 6 节，能按顺序数完，并说"有 6 节车厢"，但由于不满足于只有 6 节车厢，就又回头数"7，8，9，10，11，12"。有时东西没有摆成直线，而是散摆成一片，结果计数时便来回重复地数起来。

☞ 这说明昊昊能够一一对应地按物点数，但对最后数出的数包含所有物品这一包含关系还没掌握，并且还没有策略来区分哪些数过、哪些没数过。

很容易联想到感兴趣的事物，比如，看见一长串的物体就说是汽车或火车。托儿所有小房子，就联想到"××号楼""一边有号，一边没有号"。

上个月 30 日，坐面包车去飞机场送叔叔去美国，非常兴奋。回来后经常讲坐面包车和路上看见小汽车后面有小红灯的事。在飞机场上没有看到飞机起飞，只看见飞机排列在机场上，同时看到一个小拖车拉飞机，回来后常讲飞机场上的事。喜欢玩儿飞机，认为汽车可以拉着飞机走。从未做过飞机离开地面飞起来的动作，只是有时拿着飞机，并发出嗡嗡的声音（因坐过游戏场的"飞机"）。

近来特别喜欢穿警察叔叔的裤子，一整天都不肯脱。有时哭着一定

☞ 这些假想游戏都是昊昊日常生活经验的反映。

要穿上。有时问他："你是雷昊吗?"答："不是，是小警察。"

上次在火车上曾看见火车头在前面转弯的样子，印象很深。近来玩儿火车或用积木摆火车时，总要让"火车"拐弯。

对"上""下""歪""正"比较清楚。知道哪只是自己的左手、右手。因平常总用左手画画，大人叫他用右手，所以印象深。近来仍不肯用右手画画，偶尔要求他做，他就画两下，立刻又换成左手。

虽然早上仍常说"不上托儿所"，但真的去时也很高兴。晚上接他时不肯回家，要在托儿所的院子里玩儿玩具。

☞ 幼儿对空间方位的掌握是从上、下、前、后开始的。他们对左、右的理解较晚，并且是从自己身体的左、右开始的。

1985 年 9 月 21 日（2 岁 10 个月 14 天）

对有生命的物体和无生命的物体仍不分，如说"睡觉""小熊睡觉""汽车睡觉""天黑了，汽车该回家睡觉啦"。

还是随时都喜欢玩儿汽车、火车，画汽车。对看书、唱歌的兴趣减少。

喜欢看数字，如门上的号、楼房上的号、汽车上的号。常常要求大人给写号，也能念出来。对"6"和"9"常常弄混。喜欢数数，但并不是按客观的情况数，而是要满足主观的愿望。比如，有七棵树，他数到 7 时说："怎么没有 8 呢?"于是又回头数"1，2，3，…"

☞ 昊昊对数字符号感兴趣，但还不能准确区分相似结构的数字。

仍喜欢穿警察叔叔的衣服，睡觉时不肯脱，为此常常在睡前大哭。白天对他说："警察叔叔的衣服好看，要是睡觉时不脱就不好看了。"他同意睡觉时脱下来，但真的到睡觉时要给他脱，他又不肯了。

今天早上起来，奶奶问他："晚上睡觉脱不脱衣服?"他答："刚起来怎么就睡觉?"对早晚并不清楚，比如，晚上见了人也问"早上好"。知道睡觉起来是早上，天黑了是晚上。

近来对玩具的要求更高了，看见大汽车上没有门，就问："怎么没有门呢?""火车上怎么没有黑道道哇?""吉普车怎么是黄颜色的呀?"以前只有车就行。

唱歌的音仍很准，只是有时乱编些词。

1985 年 9 月 29 日（2 岁 10 个月 22 天）

这几天因感冒未去托儿所，在家里玩儿得很高兴。有时一个人独自玩儿一两个小时，一边说一边摆弄玩具。还是摆汽车、火车、车房。要求火车在"铁轨"上走，还要钻桥洞。画画仍画不同的车，右手比以前拿笔有进步，但仍喜欢用左手画。当他提出要求要画画时，总对奶奶说："我要画画，拿这个手(指右手)画一会儿，再拿这个手(指左手)画一会儿。"(他知道奶奶总是要求他用右手画)但等拿到笔之后，又换到左手去了。

这两天喜欢玩儿动物玩具，喂它们吃东西，把它们放在身旁一起"睡觉"。但有时也拿别的玩具，也让它们"睡觉"。

他知道不应当拿奶瓶喝奶，也知道奶奶说过"小孩儿才用奶瓶喝奶呢!"他每次用奶瓶喝过之后，看见奶奶时便笑着说："我又拿奶瓶喝奶了，是小孩儿。"

最近他实际上喜欢自己"像大人一样"，会说"我自己拿，像大人一样""我都长高啦"。

1985 年 10 月 7 日（2 岁 11 个月）

今天早上不愿意去托儿所，奶奶说带他到外边玩儿，他说"玩儿一会儿还回家来"。但到了外边看了一阵大老吊车后，自己便往托儿所走去。进了婴二班，头也没回就去玩儿了。

近来用右手画画多了一些，但画到困难的地方仍用左手(图 58)。

还是喜欢车(各种车)，有时喜欢玩儿飞机。摆积木也常常摆车房，让每辆车都有自己的地方，好吃点儿东西。也要给车"吃"一点儿或"喝"一点儿。

分不清写字和画画，有时说"我写了一辆汽车"，实际上是画汽车。

能独立大小便，脱裤子，坐盆。有时还能扣上前身的扣子，但很吃力。

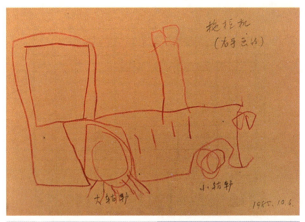

图 58　右手画的拖拉机

☞ 昊昊对拖拉机的整体结构、细节和突出特征都有表达。绘画发展与认知发展密切相关。昊昊的这幅画说明，他的认知发展特别是概念发展是很好的。

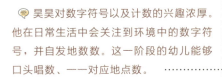
1985 年 10 月 21 日（2 岁 11 个月 14 天）

　　最近对数字特别感兴趣，凡是看见报纸上、书上有数字，或者看见师大的楼房号、房门号或公共汽车上的数，他都感兴趣。喝水、下楼时都要数"1，2，3，…"，但对数字和实物的关系仍不太清楚，有时为了数到某个数而不顾实际数量的多少，又重复去数。

☞ 昊昊对数字符号以及计数的兴趣浓厚。他在日常生活中会关注到环境中的数字符号，并自发地数数。这一阶段的幼儿能够口头唱数、一一对应地点数。

　　对物体的形象更注意，如对没有轱辘的车就叫："成了船啦！"

　　对早晚的观点比以前清楚些，知道早上起来是早上。从托儿所回来，看见点了灯，天黑了，知道是晚上。今早起来天还有点儿黑，奶奶把灯打开了，他进到奶奶屋里时便问："是早上还是晚上？"

　　平时知道月亮天黑时才出来，这两天在天未黑时就能看见月亮，他说："天还没黑，月亮就出来啦！"

　　知道星期天和生了病就可以不去托儿所，早上起来不愿意去，便说"今天是星期天"，或说"我今天生病了，不上托儿所啦"。

　　最近早上仍常说"不上托儿所"。但只要不提去托儿所，而是带他在路上转转、看看，等到临近托儿所时，他就主动地走进去了。

虽然早就知道了"我，你，他"，并且能指着他自己说"我"，指着对方说"你"，指着离着较远的人说"他"，但是当第三者不在场时，他说过"我"和"你"之后就找不到"他"了，也就不说"他"字了。必须有实际的人在那里才能说出"他"字。

玩儿"坐汽车买票"的时候，奶奶说："给你钱。"又假装抓了一下给他（空着手）。他看了一下说："没有钱。"但是用一块完全不像钱的木头拿给他，他反而满意了。

大人叫他对别人说"早""再见"时，他照样说，但并不看着对方，好像和对方没关系。

做了大人不愿意他做的事情时，常常要反问，如"怎么又拿奶瓶喝奶啦？""怎么老穿警察的衣服？""怎么不穿司机的衣服？"或者不好意思地说："我又拿奶瓶喝奶啦！又成了小孩啦！"但是仍坚持做，不肯改。

喜欢高声唱已学会的歌，不许别人同时唱。

最喜欢涂色，在圆圈之内涂满颜色，很认真，涂到了圆圈外面时就很不满意。

一天，说要给叔叔写信，就在纸上画了一些横七竖八的道道，然后叠起来，放在小柜子的空格内，假装是放在邮筒内。

还分不清写字和画画，看见奶奶写字，就说"你再写个汽车"，然后说"我也写个汽车"。实际上他画了个汽车。

兴趣仍在各种车和飞机上，摆积木或画画时，都离不开这些主题。

☞ 这说明昊昊对人称代词的理解和应用需要具体情境的支持。

雷昊 3 岁

1985 年 11 月 7 日（3 岁）

3 岁幼儿的认知和语言有了大幅提高，有更强的抽象能力和表达能力。昊昊能认识到爸爸、妈妈、奶奶的共同特征，并用"大人"这个词汇来概括。

昊昊对环境中的数字符号充满强烈的兴趣。

近来成套的语言更多了，能概括地下结论。例如，星期日早上，奶奶说："今天妈妈不上班，爸爸也不上班，奶奶也不上班。"他立刻说："大人都不上班。"

能说出班上许多小朋友的名字。想一想说出几个，再想一想又说出几个。

仍喜欢看数字，每说到一个数字就联想到与数字有关的事。例如，数到"22"，就联想到他坐过的 22 路公共汽车（对 47，105，107，16，……也如此），说到"13"就想到本楼 13 号住房门口有大竹帘子。但"数数"与"实物的数目"联系得还不好。只是为了喜欢数数，而不是为了知道有多少东西。

遇到不应该做而自己想做的事，就说"我又不小啦，我已经两岁半了"。当遇到他想做而还不可能让他做的事时，就说"我已经长大了"。

奶奶把用奶瓶喝奶的害处告诉妈妈，妈妈爸爸下决心不给他用奶瓶了，只是第一个晚上哭一下，就再不要奶瓶了。

最近常常坐在爸爸书桌前用小积木给几辆小汽车搭车房（爸爸曾替他搭过）。可以独自玩儿很长时间。

老师反映昊昊在托儿所动作慢，不积极，不愿和小朋友在一起玩儿，总是独自玩儿。不愿自己吃饭，常常不动手，等着大人喂，不爱说话。到院子里时立刻抢个三轮车，很快就骑起来。最近骑车比较灵活自如。

早上仍不愿意去托儿所，常常说："今天是星期天，我今天生病了，不上托儿所。"但到时候给他穿上衣服也就去了。一到托儿所立刻安静，胆小。老师叫他做什么，他才去做。

拿"小望远镜"给别人"照相",还要说"你美"。

仍喜欢穿警察的衣服,睡觉时才肯脱,白天总要穿上。已经能够大小便自理,进厕所后要关门。

1985 年 11 月 20 日(3 岁 13 天)

今天下午奶奶和另外三位老师到托儿所观察游戏。到了他的班上,他看见奶奶只是笑笑,没有闹。奶奶告诉他:"要自己玩儿,奶奶看看小朋友怎么玩儿。"他点点头,一边玩儿一边回头看看奶奶,又不好意思地笑笑。陈奶奶坐在他旁边问他许多话,他很少回答,有时说一两个字,一直安静地玩儿着。

晚饭时先自己吃了肉饼,然后吃粥,粥有点儿烫,他就拿勺玩儿起来,吃得很慢。后来一点一点地吃,别的小朋友都吃得差不多了,老师用勺把最后两口喂他吃了。一听说奶奶可以带他回家,立刻跑到院子去,要玩儿院内的大型器械玩具。跑得很快,奶奶把他追回来,叫他穿上外衣,允许他穿好了,还可以在院子玩儿一会儿再回家。

1985 年 12 月 8 日(3 岁 1 个月 1 天)

上个月在托儿所没有请过假,第一次全勤。近来身体明显壮实些,力气也大,爸爸给他做的小木桌他能两手搬起来。因为奶奶说过:"拉桌子太吵,大人都是两手搬起来。"他说:"我也能。"

他将电视播放的各地天气预报的地名顺序记得很清楚,可以在播音员报出地名之前就说出要报的城市名称。一听到电视播放的天气预报音乐,就马上跑到沙发上对着电视坐好,然后大声说地名。但他并不认识画面上出现的地名汉字,只是凭借对城市顺序的记忆和出现的电视画面说出地名。

对一个字代表一个音仍没概念。例如,根据报头能认出《参考消息》或《光明日报》,但只是笼统地说,对每个字并不认识。

已有不少模仿成人的活动,例如,拿起小书包背上,就说:"我上班去了。"或说:"我买东西去了。""你不是爱吃果丹皮吗?我给你买来了。"并拿一些糖纸给奶奶说:"你假装吃就行啦!"

又如,拿个小篮子,说:"我取奶去啦!""奶来啦!我给你煮煮,喝吧!"并喂奶奶"喝"。"我给你做饭,还没煮好呢!"(但并不知道做饭的动作)

随着认知能力的提高和生活经验的丰富，3 岁的幼儿会表现出更频繁并且更为复杂的假想游戏。在游戏过程中，幼儿不仅以物代物，还有更多的自言自语，以及与游戏伙伴的言语交往。

又如，说："我有钱。"（用手抓一下，并没有东西）把玩具排成一排，"我给你买了这么多玩具。"

玩具娃娃倒了未坐好，就打娃娃。

想象的活动也有一些，比如说："这儿是大舅公家，那儿是姑奶奶家。"又对着红色暖瓶说："大舅公好，大舅公穿红衣服。"

去年冬天仍有些怕大黑帘子，因为医院门口都挂黑帘子。今年不是那么怕了，有时自己拿张报纸，打开举着说："天冷啦，我挂大黑帘子，挡风。"（因奶奶告诉他，天热了就不挂帘子。天冷了帘子挡风，就不冷了）一会儿把报纸拿开说："天又热了！"一会儿又举起报纸说："天又冷了！"并问奶奶："你怕大黑帘子吗？"奶奶说："不怕。"

对数字仍感兴趣，也可以倒着数一些数。喜欢看数字，上下楼梯都要数数。也很容易发现书上的数字。

小便能完全自理（裤子前面开个口）。大便也能自理，但有时会因小便把裤子弄湿。

在托儿所吃饭仍很慢，把干的吃完再吃粥时就不主动，总想等着老师喂。在家里吃饭也是饿的时候吃得较快，稍微不太饿时便不好好吃了。喜欢吃肉、蛋清，不爱吃青菜。

自从不用奶瓶吃奶，也不喜欢喝奶了，只喜欢喝水和酸梅汁。

晚上睡觉时，奶奶帮他脱衣服上了床，便安静地睡了（关灯）。但若知道爸爸、妈妈在家就不肯让奶奶帮忙，而且很兴奋，要很久才能睡。

已会自己解衣扣，系扣子（如果不太紧的）也能做到。

1985 年 12 月 22 日（3 岁 1 个月 15 天）

近来常再现托儿所的生活和游戏，比如拿着一把彩色笔发给爷爷、奶奶，还说："你用右手画啊！"假装用手在桌上弹琴，一边弹一边回头看着奶奶唱，然后又回头去"弹琴"。

喜欢模仿大人说话，"我给你买玩具去，你等着"；"我给你炒菜，我炒的菜可香啦"；"我出去买东西，你还没醒我就回来啦"。

能记得半年前的事，比如去天津，在火车上吃饼干，回来时天黑了，下雨，上 38 路汽车时"奶奶上去啦，昊昊还没上去"。

能重复短故事，说较长句子的话。比如说："我刚才上大商店买拖拉机去啦！没买着，卖光啦！一下买了一辆卡车。我自己拿钱买的，一毛钱买的。"

记得 7 月间到爷爷家，楼梯墙上有两个黑手印，问奶奶："上爷爷家看看还有黑手印吗？"

有时做一些不合理的事，自己就说："哪有这样的呀！"比如拿着汽车玩具在身上走，一边说："汽车哪有在身上走的呀！"

妈妈很久没到托儿所去接他了，昨天去接时见他不好好吃饭，说了他，他一路哭着回来。回家后又严厉斥责，问他："以后好好吃饭不？"奶奶认为这种方法很不好，但爸爸说："人家都这样管孩子。"

👉 3 岁幼儿掌握的词汇更多、语法更为复杂，有更强的叙事能力。

1985 年 12 月 29 日（3 岁 1 个月 22 天）

妈妈带他到动物园去玩儿，回来后说："长颈鹿不好好吃饭，让老师喂。"

最近较顽皮，做错了事，知道不对，但还嘻嘻地笑。有时故意惹人，然后大笑。说他"太皮"，他自己也说"皮，淘气"。

近来胆子大了些，在生人面前让他唱歌，有时能大声唱。这几天托儿所为新年年会表演教了歌曲，他也能在人面前边唱边表演。但对电视里较忙的场面，或有些不好看的形象，就怕起来，跑走，或闹着让把电视关上。听到外边的放炮声也害怕。

别人对他说话，如果是他不喜欢听的就不理。有时自己正专注玩儿某件东西，也不理。

奶奶引导他玩儿"做饭、吃饭"的游戏。他玩儿了几次，如喂娃娃吃、喝，喂动物，或用锅、勺模仿做饭的动作，但不是太感兴趣。最有兴趣的仍是汽车、火车、飞机，或一些机器类的东西。

自己会说儿歌："红灯亮，停一停，绿灯亮，向前行。"然后说："行就是走的意思。"

1986 年 1 月 7 日（3 岁 2 个月）

近来电视的天气预报改换了各地的图形，发现他如果在播报之前说出地名，有时会说错。可见他以前能预先说出地名，不完全靠背，也注意到了图形。

最近有时能安静地坐在那里看电视。无论懂或不懂，都能看一会儿。但仍只对红旗和天气预报有兴趣。一听到相应的音乐，马上从别的房间跑过来，爬到电视对面的沙发上坐好，有兴趣地观看。

托儿所老师说他最近吃饭快些了，有进步。

有时爱推小朋友，别的家长说他"蔫儿坏"。接他回家时仍拼命往外跑（不穿大衣），为的是抢着坐"小汽车"（托儿所只有两辆可以坐在里面自己蹬着走的小汽车）。

遇到篮子或书包仍喜欢模仿大人的行动。比如说："我上班去啦！""我还得买菜去呢，我还得买蒜呢。"然后用手空抓一下。近来的游戏有时可以用动作代替物体，如抓一下代替给钱。

☞ 游戏中对实物的依赖减弱，能够用动作来代替物体，说明幼儿的表征能力更强了，这是象征性游戏能力提高的表现。

1986 年 1 月 23 日（3 岁 2 个月 16 天）

一周前发烧，感冒，在家里休息。面对打针、吃药很抗拒，总要哭一场。

不想吃饭，前几天又要大人喂。这两天没法改变他的毛病，昨天他要妈妈喂，妈妈说："那就别吃，睡觉吧！"最后还是自己吃了。今天吃炒饭，他本来也不肯吃，奶奶叫他尝尝，若是好吃就吃，不好吃就不吃。他尝了一口说不好吃，但还是继续吃了。妈妈给他倒来的水，他本来不肯喝，但吃到一半时，大约饭比较干，他又端起杯子喝了。奶奶怕他不肯喝完，就说："我听见你咽的声音了。"他觉得好玩儿，就把水都喝光了。

近来还喜欢把屋门关上，表示屋子是一辆火车，自己安静地坐在小椅子上，请别人也坐好，想象着到了天津，又回来。游戏时一定要把门关上，而且发出"喔"的声音。

这两天虽然不愿去托儿所（因生病），但常玩儿托儿所的游戏。打着小伞说："下雨啦。"进了奶奶的屋子，把伞收起来说："老师早。"然后说："把伞放在老师桌子上。"再坐到自己的位子上玩儿玩具。

对楼号仍很感兴趣。这两天因未去托儿所，奶奶带他去看工 19 楼、工 20 楼、工 21 楼、工 10 楼、工 9 楼等宿舍楼。他注意到看上面写的楼号。发现工 21 楼的侧边没有写号，回来后他总要说"工 21 楼也没有写"。

近来每天爸爸、妈妈都不在家（上课或做实验），今晚大奶奶照顾他睡觉。忽然哭得很伤心，要爸爸、妈妈，不要爷爷、奶奶。睡下后又哭起来，奶奶给他讲好玩儿的事才止住。

1986 年 2 月 7 日（3 岁 3 个月）

托儿所从本月 1 日开始放寒假。他知道把被褥拿回家来，已经放假了，很高兴。常常问："今天礼拜几？"若说："你上托儿所去吧！"他回答："放假了。"或说："今天还是礼拜天。"

常常说："我长高啦！"很得意。自己吃饭时常常说"××还让老师喂""××还让妈妈喂""××玩具掉了也不捡"，表示他们不如自己。

有时自己拿东西吃，例如，看见饼干盒子知道里面有饼干，就自己拿着吃，吃得津津有味。也有时自己拿糖或花生吃，边吃边笑。现在不让他多吃的东西，就不能摆在他拿得到的地方了。

吃早饭时，吃到一半就跑到奶奶屋，关上门，坐在小椅子上，拿着面包或馒头吃。边吃边说："我坐在火车上吃。"因为去年去天津时曾在火车上吃东西。

⚑ 3岁幼儿的假想游戏开始进入高峰期。假想游戏是他们日常的主要活动。在游戏中，他们同化日常生活中获得的经验，形成自己的认识和理解。

常常坐在小椅子上回忆或联想一些经历过的事，边想边说。总喜欢自言自语，一边玩儿（有动作），一边说个不停。早上醒来话也很多。上个月31日好姨已去美国，临走之前妈妈给他录音，带给叔叔。他对叔叔说了不少话，还讲故事，但"l"与"s"的音仍不会发。

常常模仿成人的口气说话，"你等着，我给你买××去"；"我发给你笔，拿右手写，别把笔弄坏了，别那么写……"

常常对着娃娃或玩具汽车说话。有时把娃娃放在对面坐着，然后让奶奶说他。希望成人像说他那样说娃娃哪里不乖、不好，他很喜欢听。

摆积木或玩具时总要联想一些以前经历过的事。比如联想到坐××路汽车："到站啦！到北京站上天津去啦！""天黑啦，该回家啦！下雨啦……"让积木坐在"汽车"上，说"上中山公园"。

对玩具、娃娃、汽车等，常常作为有生命的东西（似乎和他自己一样）。比如："汽车睡觉啦。""他淘气（指娃娃）。""天亮了，怎么火车还睡觉呢？""他淘气，怎么开到我身上来啦？"（一边拿着火车放在身上，一边说）

从动物园回来后说："长颈鹿不好好吃饭，还关在里边呢！"（可能是妈妈这样对他说的）"汽车也饿啦！"但说到娃娃不会吃饭时，他又说："他不会，他是假的。"

喜欢模仿成人的样子，提个小书包说："我上班去啦。"拿个小链子说："我兜里也有钥匙链。"

睡午觉时（在家里）总喜欢拿一样玩具，比如让娃娃在他旁边睡，他也要把娃娃的衣服脱下来；或拿个汽车玩具，放在被子里，说是"在汽车房"。有时玩儿得兴奋了就睡不着了。

仍喜欢数字，能认识一些，但说"1986"则要说"十九，八，六"。

前些天因有病，对打针很反感。爸爸给他一个假注射器，他拿着给大家打针，以为别人真疼，还说："不疼吧？"

　　玩儿汽车、娃娃时自己指挥一切，但并未意识到自己是娃娃的什么人。奶奶问他："你是娃娃的什么人?"他才答："我是爸爸。"自己也常模仿司机、警察的动作，或说"红灯，绿灯"，也并未意识到自己是什么角色。

　　东西找不到时，别人如果说"没有啦"，他总要说"有"，因为他希望"有"。

　　爸爸、妈妈回来后，常常不要和奶奶玩儿，就说："你走，我不跟你玩儿。"等到爸爸、妈妈不在家时，他要和奶奶玩儿。奶奶说："你不是说'你走'吗?"他总要说："我没说'你走'。"

　　懂得了一些常规，并能接受。例如，吃东西前要洗手，上床前要小便；时钟的长针指到什么地方应当睡觉；东西掉了，如果不捡起来就没有了；出门时和家里人说"再见"。一天爸爸未作声就走了，他说："还没跟爸爸说再见呢!"知道白天没睡觉，晚上要早点儿睡，有时就问："还能玩儿吗?"

　　成人吃饭时他自己玩儿，但希望成人和他玩儿，就问："你吃完饭了吗?"奶奶说："你自己玩儿，我先看书。"过一会儿就问："你看完了吗?"如果说没看完，他也能继续自己玩儿。

　　有时故意淘气，明知道是不应当做的，但还是做了，并大笑。如果说他："还那样做不?"总是回答："我不啦!"但并不一定改正。

　　爸爸、妈妈不在家时比较安静，能好好玩儿。见了爸爸，特别是妈妈，就娇起来，还要说"抱抱"。午睡时还要爸爸、妈妈陪(别人可以不陪)。有时跟奶奶玩儿得高兴就不在乎爸爸、妈妈。

　　春节就要到了，外边放鞭炮的很多，他害怕放炮的声音，带他在校园里玩儿时，他就闹着回家。在家里听到这种声音也怕，尤其是爸爸、妈妈在家时他更闹得厉害，要抱，要往另外的屋子跑。奶奶教他听见炮声时，自己也说"啪，啪"，略好一些。

　　他常常大声喊叫，如想要别人来，喊："××快来呀!"或有什么困难时也喊："啊，不会——"奶奶说："你这么大声我也害怕啦。"他说："你说'啪，啪'。"

　　一天到晚仍是不停地玩儿玩具，喜欢各种车。新玩具还是拿在手里不放，即使是自动的车，也要拿在手里(图59)。

　　喜欢把玩具连成火车，或"汽车拉汽车"，或"卡车拉木头"。摆积木时总要摆大高楼，模仿师大校内的楼，如工19楼、工10楼……有时模仿吊车吊东西，自己拿着小木块或小球说："我是大吊车。"或把积木搭高了，让它吊木头。

图 59　新玩具拿在手里不放

📝 这一年龄段的幼儿喜欢听故事、看图书，并且会重复听和看自己喜欢的内容。他们还表现出更强的语言表达能力和创造能力。

看到新故事书还是只喜欢看有各种车或飞机的，要求大人一遍一遍地讲，百听不厌。

有时自己编个儿歌，声音较准，歌词都是自己喜欢的事情。

还有些小毛病，如用手指抠鼻子，然后往别处抹。有时候爱揉眼睛，还用手去捂眼睛。

🖋 1986 年 2 月 20 日（3 岁 3 个月 13 天）

寒假期间，妈妈不在家，玩儿得很好。有时独自玩儿一两个小时，很安静。如摆积木、玩儿汽车、火车、画画……边玩儿边说，"火车来啦""排队啦""开车啦"。只要是妈妈在家就常撒娇，闹得厉害。比如，要妈妈抱，要坐在妈妈腿上，要妈妈和他玩儿。爸爸在家稍好些，但总要求爸爸和他一块儿摆"汽车房"，把每辆汽车都放进去。他仍将"汽车房"叫"门嘀嘀"。

假想的游戏更多了，常常想着一间屋子关上门就是火车或汽车，然后玩儿"上下车""到站"等，全凭嘴说。有时说"大床是个托儿所"，然后要求熟悉的大人当老师，或自己当老师。叫娃娃当小朋友，说"老师早"，并让别人说"雷昊早"……有时自己坐在小桌前"弹琴"，叫别人唱歌。

常常玩儿"买东西"的游戏，总是说"我给××买了个玩具（或食物、书包），我有钱，×毛钱买的"。

有时自己当"火车""大老吊车"，用头当烟囱，说："看，冒烟了吧。"或边用手拿东西模仿老吊车吊东西的样子，边说："吊上一块木头，给工人叔叔盖房子。"假装把"木头"放在高处。

有时用把手放在耳朵旁边，学打电话的样子，嘴里不停地说。

在玩儿假装的游戏时有时用替代物，比如把三块积木说成三毛钱。有时用语言或动作代替，比如买东西时可以假装给钱，但必须有动作。

摆积木有更多的创造性，花样较多，喜欢摆"大高楼"，并说是"××号楼"。摆得很高，并将小鸡、小鸭、小羊积木等放上去，说是"住在里边"。还指出"这是×号门""那是××住的×号门"。摆时不注意颜色，只注意形状。摆完还说"我自己想的"。舍不得拆，如若倒了就着急喊叫。

玩儿机械玩具的时间很少，总是用手拿着，没有什么活动。

喜欢用塑料数字摆着玩儿，主要是摆不同楼号（如 19 楼、20 楼）或汽车号（如 22 路、38 路）。但仍有时摆反了 3 和 7 还有 6 和 9（是正反，不是颠倒）。

最近用右手画画多了些，他知道大人希望他这样做。但为了方便，仍主要用左手。

喜欢说小朋友的短处，如"××还让妈妈喂""他不乖"。喜欢说自己好，比如"我长高啦，我吃得多"。但说的和做的并不一致，主要在不同情景下表现不同。比如对奶奶说"我爱吃蛋黄""我喜欢吃奶皮""我还爱吃药，我不怕苦""梨好吃，我就爱吃梨"。表示自己很好，但到具体吃的时候又不肯吃了。

常常模仿成人说话，比如在吃梨的时候对奶奶说："你手脏，我就喂你，你吃一块吧！"又如，对奶奶说："你腿放歪啦！你看我坐得多

> ☞ 昊昊在游戏中表现出对 3 的抽象理解。虽然积木和钱币的具体形象存在较大差异，但它们的数量是相同的，都是 3。

> ☞ 这是昊昊自我认识的表现。这一年龄段的幼儿对自己的兴趣爱好、性格特点有了一定的认识。

正。""我长高啦!"总希望自己长高,"和大人一样"。

他说:"妈妈走啦,就剩下三个人啦!爸爸走啦,就剩下两个人啦!"但问他"走了几个人",他不会回答。

奶奶劝他吃胡萝卜,说:"吃了胡萝卜脸就红了。"他又吃了土豆,然后说:"再吃土豆,脸就花了。"

前天下雪了,早上起来走到爷爷屋说:"爷爷,下雪啦!外面也下啦!"昨天妈妈带他在外面堆雪人,他很高兴,不愿意回家。

对外边的鞭炮声已不太害怕,但有时有点怕就要往妈妈屋里跑,或找其他大人。看电视遇到觉得害怕的图像就要求大人和他一起"上妈妈屋"。

前几天××小朋友来找他玩儿,他把玩具给××玩儿,并模仿大人的口气:"你愿意玩儿什么就自己拿吧!"××在这里吃饭,没有让妈妈喂,所以他改变了对××的评价,说:"××也自己吃饭啦!"

能集中看一段电视,有时大人在吃饭,自己坐在旁边看。当然仍是对有各种车和飞机的画面感兴趣,也能坚持看一会儿有情节的内容。对红旗和天气预报节目的兴趣不像以前那么大。天气预报换了图像后,不能完全背出各地的顺序,但经过几天观看,又能在播音员报告之前说出大部分的地名来。

在对"字"的认识方面,是作为整体认识的,比如,见到"光明日报",他知道说"光明日报",但并不认识每个字。对于"火车""汽车""洒水车"等都能按顺序指着字说出,但对单独的字并不认识。即使"车"字出现过多次,也还未认识。妈妈给他看在不同地方都是一样的"车"字,告诉他那个字念"车",但他仍不太理解字和图画的区别。

今天下午睡觉起来后 3 点 50 分开始在爸爸书桌上玩儿汽车玩具。把两辆汽车(一辆公共汽车,一辆面包车)连在一起,推车拐弯,走来走去。一边说:"你看,汽车拐弯啦!"(对火车拐弯的印象极深,因去年夏

☞ 这说明昊昊已经出现文字意识。他对文字的识别是依赖文字周边的情境线索来完成的。这些出现在报纸上、食品包装袋上的文字被研究者称为环境文字(environmental print)。环境文字是幼儿最早接触的文字类型,为早期萌发文字意识提供了很好的素材。

☞ 幼儿的文字意识发展就是先区分符号与图画、汉字与其他符号,先将文字整体作为图画来看待,然后对单个字的字形与构成特征有所认知。

天上天津坐火车时，看到火车头拐弯的样子，之后经常玩儿"火车拐弯")一边还发出汽车的声音。

一会儿又哼火车歌（认为两辆汽车连起来就是火车的车厢），反复说："火车又拐弯啦！"他一边让车不停地转弯，一边还学火车走的声音"咣当当，咣当当"。"你坐车吗？不坐呀！""这个车怎么没有黑道道呀？"于是拿一块长条积木，放在两车之间当作"黑道道"。又说"轰隆隆隆，火车来啦！"积木掉了，他因为没穿鞋不能下地，要求大奶奶捡起来。大奶奶叫他喝牛奶，只喝了一两口就又去玩儿"火车"。把两辆汽车调来调去，两辆汽车顶在一起时就说："火车一点儿都不动啦！"

又摆弄了一会儿，找来玩具火车头，放在两辆汽车的前面，斜放着，问奶奶："火车拐弯没有？"然后又自己说："我还看火车呢！""从那边开来啦！""火车要走啦！""红灯吧！""绿灯。"又在旁边放点积木，"火车要进山洞啦！""轰隆隆隆——"

半小时后又拿出积木小汽车，因为小汽车的轱辘丢了，要奶奶帮他找。修好后，他把汽车放在火车的旁边说："汽车在这儿等着，等火车过去它才能走呢！"（这也是去天津坐火车时看见的，印象很深）5分钟后转向大床上（靠窗户），在窗台前玩了一下，约一分钟后又回到桌上的火车游戏。说："这是前面，那是后面。"嘴里哼着"eng——"。拿着汽车玩儿了一会儿，又摆弄火车："火车头拐弯……"

4点50分，向大奶奶要笔，想画画。又拿起其他小玩具玩儿了一会儿，不久又去玩儿火车。

5点5分，奶奶怕他总在桌前玩儿，活动量太小，叫他穿鞋下地活动活动，这才停止了玩儿火车。

以上玩儿火车的情况时常出现。

晚上见到绿色圆托盘（他以前曾当作开汽车的方向盘玩儿过多次），他要。拿到后玩儿起"开汽车"的游戏来。在室内走来走去，一边走一边

👉 假想游戏是幼儿的主要游戏。这一年龄段的幼儿会用更丰富的动作和语言来表现相关主题和事物，因而游戏中的情节、语言和动作更为复杂。

两手拿着盘子做开车的动作，嘴里学汽车走的声音。一会儿停下来蹲下说："门开了！""门关了！"还发出开关门的声音。然后又"开车"，说："怎么还是 25 路？""挤不挤？""车挤啦！等下一辆吧！""怎么还是挤呀！""没座位了！"把两把小椅子前后排起，坐在前面的小椅子上"开车"。

半小时后，看见电视上有个阿姨抱着两个娃娃，于是想起来把娃娃拿来抱着。把娃娃的衣服脱下来说："让他睡觉。"又拿来毛巾被给娃娃盖上。过了一会儿奶奶说："娃娃睡醒啦！"并替他把娃娃的衣服穿上（因不容易穿），建议他带娃娃出去玩儿。他骑上三轮车，把娃娃放在车前面，骑来骑去，说"上动物园"。又说带娃娃上"中山公园"。问他和谁学的这样带娃娃骑车，答："爸爸。"

他对新玩具虽然感兴趣，但玩儿的时间不久。而那几辆汽车、火车、积木是每天都要玩儿的。

对插积塑片曾经很喜欢，插好的车子可以玩儿好多天，近来兴趣不太大了。

1986 年 2 月 21 日（3 岁 3 个月 14 天）

前些天奶奶曾帮他用颜色纸剪火车、大树、太阳、月亮等。帮他用糨糊抹好粘在纸上，他很高兴。今天他走到奶奶屋想起来，说："我要抹。"奶奶问他是不是要粘纸，他说是。奶奶帮他剪了火车、太阳和月亮。他粘在纸上很高兴。自己又画上拖拉机、吉普车在路口等着，又画了一辆小火车，画上铁轨，写上车厢号，黑道道，大窗子（他对"写"和"画"的意思仍分不清）。成了一幅画，但写的数字是这样的：

用左手写 1 到 16 时，把 10 写成了 01，12 写成了 21，13 写成了 31，16 写成了 1ә。等到奶奶要求他用右手写时，他在写 3，2，7 等数时，运笔方向与左手相同，结果就写反了，写成了 ε(3)，S(2)，Γ(7)。

镜像书写是幼儿发展过程中的自然现象。随着文字经验的丰富，这种现象一般都会消失。但是研究发现，在阅读障碍儿童身上，镜像书写的现象会保持较长的时间。

上午又玩儿起昨天的火车头加两辆汽车。奶奶把前几天帮他涂色的一排小人放在火车旁，说是等着排队上车的人。他把火车转到一队小人的背后时，奶奶问他："现在小人还看得见火车吗？"他答："看不见。"又问："怎么才能看得见呢？"他答不出。奶奶把小人转过去，面对火车，背对着他，他不愿意（因为他看不见小人了）。他还是把火车转到小人的前面来，让小人也对着他自己，才满意。

模仿大人说话："你看我的眼睛亮不亮，大不大？我就爱吃黄儿（指鸡蛋黄，但真到吃的时候他又不肯吃了）。""我长高啦，我喜欢吃大梨、胡萝卜，我长高了。"（"长高了"的意思是我更像大人了，表现更好了）"我不找妈妈……""我在这儿做事，你别给我捣乱。""我买馒头去。""你别招灯啊！"（"招"是大奶奶的山东话：开灯）

有时不拿玩具，自己扮作火车、汽车、老吊车等，做一些动作。今晚一个人走来走去，到处碰撞，说自己是"碰碰车"。玩得很高兴，叫他去吃晚饭都不肯去。

1986 年 2 月 23 日（3 岁 3 个月 16 天）

早上已知道自己要去托儿所，他不说不去，但总是说"没吃饱"，还要吃东西。然后又说"还要睡觉"，磨磨蹭蹭不肯穿衣服。妈妈、爸爸说了一阵，他才想通了，高高兴兴地走了。

前几天在家里故意淘气，不好好吃饭，中午不睡觉。昨天在幼儿园据老师说：吃得多，但吃得慢，中午睡了一大觉。

近来常常玩儿"买东西"的游戏，总是对大人说："我有钱，我给你买一个××玩具。"今天他又给奶奶"买了好多玩具"。一趟一趟地到自己屋里去拿玩具，奶奶问他："你买这么多玩具，你的钱够不够？"他答："不够，我的钱多着呐！"（没懂"钱不够"的意思）

☞ 这一阶段幼儿的规则意识正处于初步形成时期。昊昊虽然不想去幼儿园，但也知道不能不去，所以并不明确说不去，只是以自己的方式磨蹭、拖延。

🐦 这一阶段幼儿的道德认知发展处于他律道德阶段，即幼儿的道德判断受他自身以外的价值标准所支配。主要表现为他们的是非标准取决于是否服从成人的命令或规定，服从是为了避免惩罚。昊昊对事情对错的判断只是依据成人的要求而不理解事情本身的意义。在他看来，做成人赞成的事情就是对的，相反，则是错的，会受到批评或惩罚。当他想做成人不赞成的事情又不想受到批评或惩罚时，他希望成人不在场（看不见），以减少内心的不安。

每当他想做件明知道大人不赞成的事时就说"你走吧"。今天他要求奶奶帮他画小汽车，奶奶叫他用右手画，他画了一下就说："你走吧！"然后他好换左手画。晚上睡觉时他想淘气，要站在床上往地上撒尿。他一边笑一边说："你走吧！"奶奶知道他的意图，不肯走，要给他拿尿罐。他哈哈大笑并承认说："我要往地上撒尿。"

🖋 1986 年 3 月 7 日（3 岁 4 个月）

喜欢当"大人"，常说"你上托儿所吧！我送你去""我给你玩儿这个玩意儿，你别给我弄坏啦""你别动我的东西"。

有时爱当老师。今天拿着一个火车玩具对奶奶说："你摸一摸就还给老师。"一会儿又拿到奶奶面前重复说："你摸一摸就还给老师。"（估计在托儿所老师是这样对小朋友说的）

🐦 昊昊的想象有所发展，其思维由直觉行动思维发展到了具体形象思维。穿了"警察衣服"认为自己是警察，这时的想象需要借助"警察衣服"这一直观事物。现在有意识地想象自己是某个角色，不凭借直观具体的事物，而是依据头脑里关于事物的形象（表象），说明思维的概括性增强。

近来想象活动更多了，以前是穿了"警察衣服"认为自己是警察。现在有意识地当某个角色，比如说："我是工人叔叔，我又变成司机叔叔啦！"过一会儿学老吊车的姿势，又说："我又是大老吊啦！吊木头。"又学汽车走的样子，"我是汽车"。

对生物和非生物仍分得不是很清楚。自己模仿"火车"，就说："我头上还冒烟呢！"（想象）

前天一边喂娃娃吃饭，一边说："他小，还让人喂。"喂时用勺在娃娃嘴下面刮一下（大人喂他吃饭时也这样做）。

受情境的影响很大，早上吃面包时想起去年去天津时在火车上吃过面包，于是跑到奶奶屋里，关上门（表示已经在火车上）然后坐在小椅子上吃。

对不同的人表现不同。见了妈妈就要"妈妈抱抱"；睡觉要讲故事，闹得厉害。奶奶看他时就没有这些事。

积木掉在地下了，他说："请奶奶捡!"并说："我没说'奶奶'，我说'请奶奶'啦，你还不给我捡!"

吃饭时，他不肯吃西红柿，还说："有的小朋友不爱吃××。"当奶奶说"跟昊昊一样"时，他立刻说"我爱吃"，并且吃了。

1986 年 3 月 16 日（3 岁 4 个月 9 天）

想象时总要有动作。

分不清"睡着"和"躺在床上"的实际意义，总说"我睡着了"，实际上有时未睡着。

听故事时总要结合经历过的事，加以联想和想象。喜欢听别人讲他经历过的事，奶奶给他讲"丽丽坐火车"的故事，他又联想自己坐火车的情境，喜欢重复听，很感兴趣。

奶奶给他"接龙"玩具（按几何形状接），他玩儿了两次，不太感兴趣，更喜欢把牌装在盒子里，装好后拿着盒子。

用右手画画及做其他动作的时间多了一些，但仍然喜欢用左手做事。

在动物园看见长颈鹿，回来画画，画一个长颈鹿在外边，说是"好好吃饭的"。画个"门"把另一个长颈鹿关上，说是"不好好吃饭的"。

前几天奶奶曾用颜色纸给他剪过火车、汽车，并给他贴在纸上。这几天每次画完画，就让奶奶给剪下来然后贴在墙上，很得意。

今天奶奶给他一把平头的剪刀，他开始能剪硬纸，但剪不好，兴趣不大。

> 这一阶段幼儿的思维以具体形象思维为主，他们依靠头脑中关于故事人物及其言行的具体形象来理解故事，所以他们对和自己经历过的事有关的故事更感兴趣。

1986 年 3 月 18 日（3 岁 4 个月 11 天）

今天早上咳嗽，妈妈说要带他先去看病再去托儿所。他本来认为可以不去托儿所了，所以大哭，说："不上托儿所。"直到妈妈同意为止，立刻转哭为笑。

吃饭时问大奶奶："你吃吗？我疼你。"自己还说要多吃，才能长得高，才能做事（模仿大人的话）。

听见妈妈在窗口喊爸爸"雷思晋"（听起来像是"雷司机"），他也喊："妈妈说成雷司机了。"他大笑，重复说多次。

☞ 昊昊已经知道了文字和图画的不同，也知道了文字的数量和口语中的词汇数量要一一对应。这是早期幼儿对书面文字和口语关系的最初认识。

能有目的地画画，如今天说："我要画一个吉普车。"便拿纸画了，并写了"×××"表示"吉普车"三个字。

🖋 1986 年 3 月 30 日（3 岁 4 个月 23 天）

奶奶今天上午带他到教育系学前组的练琴室去弹琴。他自己要弹，不许奶奶弹，还要把钢琴上面平放着的琴谱摆在琴谱架上，表示弹琴的样子。但对奶奶教他用一个手指弹的动作不感兴趣，弹了一会儿他就跑着玩儿。奶奶弹解放军的歌时，他赶忙把外面的衣服脱了，露出解放军的衣服，然后学解放军走步。

☞ 昊昊有较强的秩序感，认为车轮应该是在车上的，所以他希望为单独落下的车轮找到对应的车。

弹琴后走到汽车房，这是他最感兴趣的地方，每个车房的门都要看看，数一下门上的号数。看见院子里有单独的汽车轮，一定要问是哪个车上的，找了半天，每个车上都有车轮，感到很不满意，一直重复问："哪个车上没有轮子？"下午睡醒后仍问这个问题。

他对一束假花很感兴趣，闻一下说："有点香，快开了。"奶奶给他找了一个印花的瓷酒瓶，他很高兴，说："这是我的。"把假花插进去，并说："跟妈妈的那瓶一样。"拿来拿去摆着玩儿，也要把花瓶放在妈妈的柜子上。

1986 年 3 月 31 日（3 岁 4 个月 24 天）

星期一早上不愿意到托儿所去，总是说"还是礼拜天"。

今天又感冒了。

1986 年 4 月 6 日（3 岁 4 个月 30 天）

今天是星期日，上午奶奶又带他去弹琴。愿意和奶奶一块儿弹，奶奶弹他也弹，乱弹。但他说："咱们两人弹得一样。"今天弹琴的时间不长，急着要去看"门嘀嘀"。在那里反复看车库大门，从门缝儿向里面看有没有汽车，又去看车轮。回来的路上还看各种车，特别注意车上的"备用轮"。（不知他什么时候知道的这个名词。）

回来的路上奶奶带他到刘焱老师家玩儿了一会儿。在那里洗了手，刘老师给他苹果，他不感兴趣。现在见了生人让他叫、问好、说再见，他都能照做，但眼睛并不看着对方。

下午和奶奶一起摆积木，他平时喜欢一边摆一边哼调子。今天奶奶也在哼调子，他说："别哼哼。"奶奶问他是不是老师不让哼哼，他说是。

他对汽车始终非常感兴趣，不但喜欢看，还对几个汽车玩具百玩儿不厌。最感兴趣的是面包车、小汽车、公共汽车和火车。可能是因为他对这几种车都有亲身体验，坐过，印象深，而且经常能见到。这几个玩具又能由他摆布，可以活动。也有人送给他别的车，但玩儿几次就不太感兴趣了。

> 👉 幼儿的语言、行为等受周围环境的影响，他们是在观察、模仿中学习和习得经验的。所以，在理解幼儿的语言和行为时，需要考虑他周围的环境（比如，这里老师的影响和对几种车的偏爱）。

1986 年 4 月 13 日（3 岁 5 个月 6 天）

今天弹琴的时间不长，但会用一个手指弹 1 2 3 4 5，5 4 3 2 1。同

☞ 这一阶段幼儿随着自主性和主动性的增强，渴望做力所能及的事情，乐意帮大人做事。

☞ 教师和抚养人的看法及评价对幼儿自我意识的形成与发展有较大的影响。

☞ 有时候幼儿做坏事不是因为他不知道不应该做，而是想看看成人对此的反应，引起成人的注意，成人夸张的反应会让幼儿觉得有趣。所以，当幼儿故意做坏事时，成人要避免比较夸张的反应，这样可以减少幼儿类似行为的发生。

☞ 这一阶段幼儿同伴交往的意愿有所增强，为了和小朋友玩儿，有时候愿意分享好吃的食物及好玩儿的玩具。

时唱："小朋友唱歌啦……"觉得很满意。看完"门嘀嘀"后在图书馆前玩儿了一阵，看见工人叔叔在拉石子，有小朋友用小铲子铲石子，他也要回家拿铲子。奶奶带他回家找到小桶和铲子，喝了水，又去铲石子。他铲好一桶就倒在叔叔的车上。奶奶请他帮工人叔叔做事，他很高兴。今天上午玩儿的时间长，也有些累，午饭吃得多，下午睡了一大觉。

近来很在乎别人说他乖不乖，他做了错事时，如果说他不乖，他就忙着说："我乖，我不××啦！""我下回不这样啦！"虽然这样说了但过后常常又做不对的事。

他喜欢说"××小朋友不乖，他淘气""他还××呢"，表示自己很好。

今天踩了奶奶的脚，忙说："对不起。"

有时故意做坏事(如吃完冰激凌后，把小钢勺和纸碗一起扔进垃圾桶内)，然后哈哈大笑。

1986 年 4 月 20 日（3 岁 5 个月 13 天）

昨天托儿所老师参加校运动会，放假一天。上午奶奶带他出去打电话，买东西。在路上碰见王老师骑车过去，并叫了他一声。奶奶告诉他老师骑车过去了，他问是不是王老师，奶奶说可能是，他说："我就喜欢王老师。"此后一连三天都重复说："还没出大门呢！"(因见到王老师时正要出校门)，意思是让奶奶接着说"就遇见王老师骑车过去了"。他很兴奋，还有点不好意思，对他来说在托儿所之外见到老师是很不平常的事。

前天从托儿所回来，请了一位小朋友来玩儿，两人玩儿得很高兴。小朋友走后他告诉奶奶："我还给他糖吃，还给他玩具玩儿！"大家都表扬了他的行为(图 60)。

图 60　请了一位小朋友来家玩儿

他仍不喜欢吃水果、青菜，但吃起冰激凌和大肉来很主动，也吃得快。今天吃饭有红烧鸡腿，他吃鸡腿吃得很带劲。爷爷给他一小块没有骨头的肉，他拿着说"没有棍儿"，还要把吃完的鸡骨头插进去。

　　今天弹琴弹了在电视上看过的 1 2 3 4 5 6 7，7 6 5 4 3 2 1。他总要自己弹或和奶奶一起弹，对奶奶给他弹的调子不感兴趣。

　　他仍怕打雷，怕大风。看见风吹的帘子飘动总有些怕。他喜欢看"大老吊车"，但不肯到近处去，一个人在屋子里时一定要人把门关上。

☞ 昊昊把吃完的鸡骨头插进没有骨头的肉里，也是秩序感的体现。

☞ 这一阶段幼儿之所以看见飘动的帘子以及一个人在屋里时门开着会感到害怕，是因为他们的想象力有较大的发展，结合之前听到的故事及看到的图画书，他们会想象出妖魔鬼怪等令人害怕的东西。

1986 年 4 月 28 日（3 岁 5 个月 21 天）

　　今天奶奶接他从托儿所出来，又去琴房弹了一会儿琴，兴趣不太大。仍记得之前在路上碰见老师的事，一路上就说："前边那个是我们班的老师。"果然在回家的路上又遇见了王老师，他兴奋得很，又不好意思，躲在奶奶的身后。快到家的时候见远处有些青年女同志，他硬说："远处是袁老师。"奶奶说："那不是。"但他仍坚持说"是"。回家后反复说："今天看见了××老师。"

1986 年 5 月 9 日（3 岁 6 个月 2 天）

仍常常讲"××小朋友他还哭了呢"；"那个小朋友不爱吃青菜，那不好"。若问他："雷昊也不吃青菜，那好不好?"他就不回答。洗手时奶奶叫他只抹一点肥皂，他说："大奶奶抹好多肥皂，那好不好?"奶奶说应当把东西放整齐，他说："妈妈总是把东西弄得乱糟糟的，妈妈好不好?"

昨天他从托儿所回来告诉奶奶："裤子兜里有个小鸟。"奶奶叫他拿出来看看，是个纸折的小鸟。问他，是老师给的还是他自己拿的，他说是拿的。奶奶说："托儿所的玩具不能拿回家，明天还要送回去。"他也不说什么。第二天奶奶早上送他去托儿所问了老师，才知道是杨老师给他折的。

今天一到托儿所一个小朋友表示跟他好，给他一块糖，他放在嘴里，又怕是做错了事，低着头。奶奶说："若是小朋友给的就吃吧!"他仍有些不好意思。

1986 年 5 月 14 日（3 岁 6 个月 7 天）

近来发音又有了进步，以前对"看"字发音不清楚，常说"我 han han"。把"三，四"说成"shan，shi"。现在都有进步，只是"la"的音还发不太准。

昨晚本来玩儿得很高兴，奶奶叫他喝白水，他想起妈妈总是允许他喝汽水的，突然大声哭叫，要找妈妈。哭了一阵后奶奶给他糖豆吃，仍让他喝白水，他也喝了。

画画仍集中在几种车上，多半是事先想要画哪一种车，然后开始画，但在画的过程中又改变了。

🖋 这是幼儿绘画中的常见现象。绘画过程是幼儿组织经验，并进行思考的过程，绘画出的内容也会不断丰富。这一阶段幼儿的想象以无意想象为主，表现出无目的性、无稳定主题等特点。所以昊昊在画画的过程中，虽然先想好了画某种车，但在画的过程中常常会改变。

✒ **1986 年 5 月 31 日（3 岁 6 个月 24 天）**

　　大姨婆、三姨婆 19 日从美国来，昊昊和妈妈、爸爸搬到临时借的一间房子住。把他的小床也搬过去了，他很喜欢睡在新的地方。18 日下午就在那里睡了一大觉。19 日下午跟妈妈、爷爷、奶奶、二舅公去飞机场接大姨婆。他玩儿得很高兴，出出进进，到了长城饭店也跑来跑去玩儿。26 日发现他发烧了，不想吃东西。过了三天才退烧。可能是兴奋，又累，住在新地方和爸爸、妈妈睡在地上着了凉。

　　这次对大姨婆、三姨婆、大舅公、二舅公、舅婆都有印象。知道什么玩具是谁送给他的，看见相片也能认出来。

✒ **1986 年 6 月 15 日（3 岁 7 个月 8 天）**

　　最近妈妈去托儿所接他时发现他吃饭仍很慢，最后让老师喂了，很生气，可能打了他。每天回到家来再吃一顿时，仍改不了。但他总表示自己是"好好吃饭"，是"好孩子"。说的和行动常不一致。有时拿着小熊玩具说"他不好好吃饭"，并打小熊。

　　大姨婆送来一个电子琴，有时教他弹一弹，他总要和别人一起弹。他虽然乱弹但节拍是对的，最后总要说："咱们弹得一样。"

　　今天把小动物都摆在前面，坐好。他弹电子琴先说："唱！"然后再弹，随后把一个动物摆到前面说："你来。"弹完又把它放回去说："你回去。"（模仿老师。）

　　近来对大吊车又很迷恋，总是摆"老吊车"。前几天用积塑片插了一个吊车，下面还铺上铁轨，觉得很好看，舍不得拆，一连几天从托儿所一回来就找它。

　　他搭积木时喜欢叫别人摆，自己当吊车，把手臂伸直吊起一块积

☞ 幼儿是在观察、模仿中进行学习的。

木，叫别人拿着去盖房子。

近来见了客人不像以前，让他叫谁就叫谁了，开始有主见。

李伟老师（学前组二年级生）在他们班上实习经常观察他，最近请他到宿舍去玩儿，并在食堂吃饭。他也肯讲话，李老师还送给他两个玩具。他非常喜欢那个双层公交车，洗澡睡觉都不肯放下。但过了几天又不感兴趣了，还是喜欢玩儿"吊车"。

他还不习惯和小朋友一起玩儿，在托儿所总是自己玩儿，但也会想办法玩儿（图 61）。前两天王家的小小来找他玩儿，他动手打了人家。大人们说他，劝他后，他才肯让小小玩儿他的玩具，但并不和人家一起玩儿，自己玩儿自己的。

☞ 这一阶段幼儿社会性发展的程度还不高，在游戏方面以独自游戏和平行游戏为主，合作游戏较少，互相合作的水平较低。所以，昊昊这个阶段喜欢自己玩儿，不喜欢和小朋友一起玩儿。

图 61　在托儿所总是自己玩儿，但也会想办法玩儿

☞ 这一阶段幼儿的思维逐渐脱离实物和直观动作，可以更多地借助头脑中物体的形象（表象），所以他们能更好地理解物体被遮挡的情况。昊昊不仅能用积木搭出三辆吊车，还问别人哪个看不见，说明他能理解物体被遮挡的情况，而且可能是自己被问过这个问题并且回答正确受到表扬，所以也总问别人。

1986 年 7 月 7 日（3 岁 8 个月）

这些天一直喜欢"大吊车"，用积木摆三辆吊车，围着一个"楼房"，和前些天在宿舍区大门口看见的情况一样。摆完后总要给人看看，问：

"哪个看不见?"(因在大门口的三辆吊车有一个是在房子后面,只能看见上面一点。)

仍喜欢画画,一个人坐在爸爸的书桌前,可以画很久,画好多张。仍画汽车、火车、大吊车,有时能画些小人。

玩具还是以车为主,变换着玩儿不同的车,有时玩儿飞机。

开始对娃娃有些兴趣,有时把娃娃放在三轮车前坐着,自己骑车带"她"去公园,或去"坐火车"。有时自己做些什么,就把娃娃放在旁边说:"你在这儿看着啊!"偶尔也要喂娃娃吃点儿什么。

·····☞ 这一阶段的幼儿喜欢角色扮演游戏。

总爱说自己"第一吃完饭"(虽然常常吃得很慢),说别人"第末"。爱说自己"乖",说小朋友的短处。

对电子琴不太感兴趣,有时别人弹,他也跟着"弹"一会儿。拍子快慢和别人相同,也有时乱敲一阵就不想再弹了。会唱 1 2 3 4 5 6 7,7 6 5 4 3 2 1(简谱:do re mi fa sol la si)。在数数时也会说 1 2 3 4 5 6 7,7 6 5 4 3 2 1 。

要从托儿所毕业了,准备升入后面的(北院)实验幼儿园(图 62)。妈妈常常提醒他:"你长大了,要上幼儿园了,不好好的,幼儿园就不要你了。"

图 62 托儿所婴二班老师和全班小朋友的合影

☞ 这一阶段的幼儿主要从自己的视角来看待和认识世界，即以自我为中心。在他们的思维里，自己喜欢的东西就是自己的，不应该和别人分享，这是该年龄阶段幼儿普遍、正常的表现，和成人理解的利己、自私是完全不同的。所以，昊昊虽然让别人玩儿自己的玩具，但好的玩具不愿意给别人玩儿。

🖊 **1986 年 7 月 20 日（3 岁 8 个月 13 天）**

前几天爸爸带他到实验幼儿园"考试"。老师问话他不回答，最后数数还好。

小小来找他玩儿，和他一起吃饭。他虽然让小小玩儿玩具，但把好的玩具给自己留着，并常常管着小小。比如让他手伸直拿个小绳子，像自己一样做大吊车的样子，自己却拿最喜欢的帐篷钩儿做"吊车"。

放暑假后很难睡午觉，有时能睡着也是比较晚。但一睡就是很长时间，晚上 12 点才能入睡。

假期内和妈妈常在一起，有些撒娇，要"抱抱"，或找碴儿哭叫，睡前也常常要大哭一顿。

仍不爱吃青菜，水果。对包子、饺子还感兴趣，吃饭的习惯仍不太好。

☞ 生活经验是幼儿绘画内容的来源。

🖊 **1986 年 7 月 24 日（3 岁 8 个月 17 天）**

昨天妈妈带他到动物园，他回来后画"火箭"，还有人"坐着"，首先画"昊昊"。

妈妈踩了他的脚，肿了，不能穿鞋了，更娇了，要"抱抱睡"。

四姨给了他几块带颜色的瓦片，他很喜欢，放在一个兜子里拿着玩儿。不小心掉在地上碰碎了，心疼得哭起来，发脾气，抓起瓦片又扔。

☞ 这一阶段的幼儿能够借助表象进行思维，象征能力增强，他们可以用一种物品替代另一种物品来进行象征性游戏。这里昊昊用三轮车替代火车头，用一排凳子替代火车，假想小动物们坐火车的场景。

🖊 **1986 年 8 月 4 日（3 岁 8 个月 28 天）**

昨晚把好多凳子连在一起组成"火车"。四姨建议让他的那些动物玩具来坐火车，他很高兴，在每个凳子上都放一个动物，自己在前面的三轮车上骑着表示是火车头。还唱"小板凳，排一排"的歌。大人要吃饭了用凳子，他不舍得拆散"火车"，四姨又建议让动物们都去睡觉。他把动物们都搬到妈妈的床上排整齐，"睡了觉"，自己也躺在旁边。今早对排火车仍感兴趣，又把动物们都放在凳子上，让妈妈也坐上。

这两天大便时自己拿盆，拉完后自己擦屁股，又倒盆，虽然擦得不干净，但很喜欢自己做。

前几天爸爸、妈妈带他去游泳池游过一次泳（用救生圈），可以游一下，但并不感兴趣。这两天问他去不去，总是说不去。

一边在床上玩儿，一边看着一个卷起来的毛巾被，说是"螺丝"，又看见枕巾卷成条状，说是"大鱼"。

妈妈给他拿盆撒尿，尿完后奶奶提醒他要说"谢谢"，他问："谢什么？"（他认为妈妈并没有给他什么东西，所以不理解为什么要"谢谢"。）

早上他不去吃早饭，躺在奶奶的床上说："天黑了，半夜了，还不起来呢！"奶奶指着窗外说："你看天那么亮怎么是半夜呢？"他说："假装半夜。"

🖋 1986 年 8 月 7 日（3 岁 9 个月）

近来喜欢帮助大人做事：端碗，洗碗，摆筷子。但只是一时的兴趣，要"自己"做。

吃饭表现时好时坏，饿的时候吃得多，但一般来说仍是边玩儿边吃，吃得慢。总要大人在旁边催，不爱吃青菜，只吃白面条。对包子、饺子还喜欢吃。爱吃肠子，虽然吃得慢，还要说自己是"第一"。对第一的理解，只认为是"好"，并不真正联系实际。总要说"我最快"，即使自己最后吃完。

为了要出门可以急忙完成一些任务，如洗手，擦嘴，拿手帕，快点吃完……

> 🐝 这一阶段幼儿的自主性和主动性增强，渴望做力所能及的事情，乐意帮大人做事，但由于没有外界任务的要求，他们只是凭兴趣做事。

> 🐝 这充分体现了幼儿对序数的理解和应用受到情绪、喜好的影响。

爸爸、妈妈常常为了要求他做某件事，或要他等待，总是说："你数××下我就回来啦！"或说："我数××下，你就吃完啦！"他也模仿这种做法，对奶奶说："你数两百下，我就××！"

1986 年 8 月 22 日（3 岁 9 个月 15 天）

☞ 这一阶段的幼儿对重要他人有更强的依恋，会表现出更多的撒娇、求关注行为。昊昊对妈妈的依恋较强，所以在妈妈面前表现不一样。

☞ 幼儿喜欢毛茸茸的玩具，柔软的触感让幼儿觉得温暖、有安全感。昊昊的角色扮演游戏更关注细节，不仅给娃娃洗澡，还加入了帮娃娃洗衣服、叠衣服的环节，尽管漏掉了晾干衣服的环节。

在家待了一个暑假，脾气更急躁了，常常大哭大叫，尤其是和妈妈在一起时，一不顺心就大哭大闹。吃饭、睡觉、洗澡都较困难。对别人就好一些，但较固执己见。不能用转移目标的办法使他忘掉自己要做的事。

近来喜欢一些动物，最喜欢三姨婆送给他的考拉玩具（毛茸茸的，昊昊称之为"小熊"），常常抱着它，睡觉时也抱着（图 63）。有时也给娃娃洗澡，有一次把娃娃的衣服也洗了，湿着放进抽屉里。

图 63　最喜欢三姨婆送给他的考拉玩具

仍喜欢看大吊车，画大吊车。自己常常拿一根小绳，下面连着钩子，装作吊车的样子转来转去，还要吊些什么东西。有时自己站在小桌或凳子后面装作"老吊车"。然后问对面的人看见什么了，因为他想象自己是被大楼挡住的那个大吊车，别人只能看见上面，看不见他的腿和脚。

前几天梁士燕爷爷一家人来玩儿，带来玲玲姐姐，他和姐姐一起吃饭，非常高兴，两人玩儿得很好。他拿筷子时也要给姐姐拿一双"好"的。姐姐走后，老想着要和姐姐玩儿，还说："让玲玲姐姐、小颖、娘娘的小弟弟、小小，都上我家来玩儿。"

前天晚上奶奶带他到周莉君奶奶家去玩儿，他平日最爱喝汽水，但周奶奶给他倒了一大杯汽水，他就是不喝，等回到家里他又闹着要喝汽水。

仍不会区分有生命和无生命的东西，如对待大吊车、长颈鹿、小熊、娃娃常常像对自己一样，说："他不好好吃饭，不好好睡觉，他不乖。"

喜欢穿裙子，愿意穿小姐姐那样的衣服。有时把妈妈的裙子穿上，或自己把凉席围在腰上，说："我长大了就穿裙子。"

近几天又见到那套"警察叔叔"的绿色衣服，非要穿不可，天气热也要穿，睡觉也不肯脱，为此常要大哭一场。

有时抢着要扫地，说："我扫吧！你累了。"但只是扫来扫去，不能扫干净。

一天中午大奶奶做好饭，对奶奶说："吃饭吧，卢先生。"他正在画画，也好像没注意。过了一阵，他也走到奶奶屋门口说："吃饭吧，卢先生。"

🖋 1986 年 9 月 7 日（3 岁 10 个月）

仍喜欢听大人讲他经历过的感兴趣的事，如"奶奶带昊昊看大吊车"的事，"上天津坐火车的事"……

把成人对他说的话说给小朋友，如看见小朋友上攀登架就要说："别上太高啦，回头摔着。"

每天从幼儿园回来就立刻跑到自己的小屋子（最有安全感和最喜欢的地方）。一个人可以在爸爸书桌前或大床上玩儿很久。边玩儿边说：

🟡 昊昊与同伴交往的意愿增强，更愿意分享。

🟡 3 岁多的幼儿还没有形成明确的、稳定的性别意识。昊昊喜欢穿裙子更多是因为觉得裙子漂亮、对裙子好奇。

🟡 在早期阶段，幼儿的无意注意占优势，经常是没有预定目的地、不由自主地对一定的事物产生注意。昊昊在画画的过程中无意间听到了大奶奶请卢先生吃饭的话，产生了无意注意，也能复述出来。

"××坏了，修理修理。"学开车的声音，让大吊车转动，让车或娃娃如何如何。

对待妈妈仍是任性、急躁，一不如意就大哭大叫。

愿意帮助大人做事，拿饭碗、筷子，洗碗。

暑假在家玩儿惯了，不愿意上幼儿园。开学已经一个星期了，才稍好些。早上走时总是不痛快，前两天还有时哭。

🖋 **1986 年 9 月 12 日（3 岁 10 个月 5 天）**

他从幼儿园回来，看见妈妈用手绢叠了个小耗子，就想起了"拔萝卜"。自己找了个"老佛爷"，还找了小狗、小熊猫。奶奶拿了个"警察"小人、小白兔，他都不愿意要，说是"太大"（和原有的玩具不一样大），又给他找了个红色"小驴"，他说"是红的，不行"。最后拿了个套碗，大小还可以，他同意了。自己边摆边讲拔萝卜的故事。

看着套碗又想起"三只羊"的故事。把套碗放在前面，又把"老佛爷"当大羊，用小狗、小熊猫分别当中羊、小羊，让它们走到套碗上面去，边摆边讲故事。

见了生人开始顽皮，有点"人来疯"。和周南老师说："把凳子放在你眼睛里。"

🖋 **1986 年 9 月 22 日（3 岁 10 个月 15 天）**

昨天和奶奶在外边玩儿，看见一些破的砖头，摞起来"盖房子"。先数一下有 5 块，又拿来 1 块放上，奶奶问他："现在有几块啦?"他又从头数一遍才说："6 块。"

玩儿的时候他说："我送你上幼儿园，我上班去了，你好好吃饭。"

🖋 幼儿园和家庭是两种不同的环境，与要求、约束更多的幼儿园相比，大部分幼儿一般更愿意待在家里。尤其是长假之后，幼儿在重返幼儿园时都会有一些适应问题。

🖋 这一阶段幼儿的象征性游戏增多，能以物代物，但是思维发展以具体形象思维为主，比较关注物体的形象特征。所以，在这里，昊昊用一个物体替代另一个物体时，比较关注大小、颜色等是否符合被替代的物体。

🖋 这一阶段幼儿对数概念的理解还处于比较具体、形象的初级阶段，他们的计数能力主要表现为一对一点数物体，然后根据最后一个物体对应的数说出物体的总数，还不具备进行更为抽象的加减运算的能力。所以，昊昊在回答 5 块又加上 1 块后有几块的问题时，会从头数再说出总数 6 块。

一会儿又回来说："我下班接你，你没有好好吃饭，不能在外边玩儿。"奶奶说："我好好吃饭了。"他说："你还说好好吃饭，我刚才看见你没好好吃饭，不能在外边玩儿。"（这和他爸爸说他的话完全一样。）

他常常要带着别人干些什么，或带着娃娃做些什么。口气和动作像爸爸、妈妈或老师。但问他"你是谁"，他说不出来。

他常喜欢说完一句话，最后再称呼对方，比如说："咱们走吧，奶奶。"和大奶奶的口气一样。

他很喜欢大奶奶，上次到大奶奶家去过一次，玩儿得很好。大奶奶回家时一定要跟着去。

大奶奶好多天没有来，今天来了他很高兴，回来就找大奶奶，并说："大奶奶，我喜欢你，你来了，我高兴，你别走。"

问他班上有哪些老师，喜欢不喜欢。他说："王老师喜欢我，我也喜欢王老师。高老师喜欢我，我也喜欢高老师。李老师不喜欢我。"奶奶说："李老师也喜欢你。"他说："不喜欢，她说我淘气。"

1986 年 9 月 27 日（3 岁 10 个月 20 天）

近来主动要求上幼儿园，希望"第一个"到。

昨晚奶奶和妈妈带他到四表姨婆家去，因为他手上有白色斑，怕是皮肤病，想请表姨公——皮肤科大夫给看看。妈妈说到姨婆家去，他以为是上美国的三姨婆家，就问："是坐飞机吗?"到了姨婆家，他要看看每间屋子，并要求打开灯看看。四姨婆给了他一些玩具，他坐在地上玩儿得很高兴，没有认生。

表姨公看了他的手背，认为是因紧张而得的神经性皮炎，问他是否有时大声喊叫，大哭大闹（是如此）。但他在幼儿园很拘谨。回来的路上妈妈提到，李伟阿姨在婴二班观察时发现一位老师对他态度很不好，也许更加重了他的紧张情绪。

> 幼儿在幼儿园和家里的表现通常有较大的差异，在家里更放松、随意，在幼儿园会受到教师和同伴的影响，慢慢适应和学习各种规则，不能随心所欲。

🖋 1986 年 10 月 7 日（3 岁 11 个月）

娘娘家的弟弟因为要断奶来住了三天。第一天他和奶奶睡，让妈妈照顾弟弟。他睡得很好，也很高兴。听见弟弟在另外屋里哭还说："他又哭了，找妈妈。"第二天妈妈让他在床上看着弟弟，他要摆弄弟弟，弟弟越哭他越要弄。不叫他动手，他也大哭。爷爷硬把他抱出来，和大奶奶睡了。第三天他见弟弟和妈妈睡，哭闹。

幼儿园装了个新滑梯，有点高，他以前敢自己上去，这两天有些胆怯。奶奶帮他上了一次，他就不敢再上了。

最近很喜欢玩儿"地铁车"，自己当车，嘴里学"报站"。用低沉的声音说："前面是××车站，在××车站下车的同志请做好准备。"他能把地铁所经过的站名基本都说出来。一边叫人在他后面拉着走，一边报站。每到一站都要停下并发出"呲"的声音，表示开门和关门。

🖋 1986 年 10 月 20 日（3 岁 11 个月 13 天）

最近每天早上都和奶奶出去走路，他总要奶奶在他后面拉着他，他边走边假装坐地铁。每天都要到工 21 楼后面去看一辆停在地上的小吊车，天天看也不厌。有时再到爸爸上班的生物楼旁边看看正在工作的大吊车，每天都要重复同样的路线。今天还画了"12 辆老吊车"（图 64）。（其中有一辆老吊车只画了上半部，下边被楼房挡住了，这是他实地看到的情况。）

近来发音更加正确了，但有时还有几个音发不准。对发不准的音不大敢说。

对记忆中有兴趣的事和话总要重复多次，如"我看见××啦，你还当是没有呢！你说错啦"。

☞ 幼儿由于依恋和自我中心是不愿意把自己的妈妈让给别人的，尤其是因为"别人"而受到妈妈的批评时。昊昊虽然内心不愿意妈妈带着弟弟睡，但第一天他能接受（可能之前成人做了很多思想工作），第二天因为弟弟而受到了责备就接受不了了。

☞ 这一阶段的幼儿因为正处于秩序感的形成时期，喜欢做重复的事情，并从中获得满足感。

☞ 幼儿在游戏中会自发出现计数的行为，这种经验巩固了幼儿对数的含义的理解。

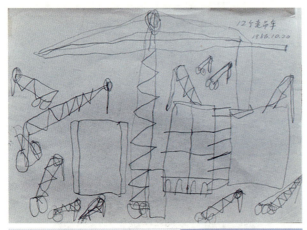

图 64　12辆老吊车

常常模仿大人对他说的话，如"你给我进来"。还常对小朋友说："你可别掉沟里，要是掉下去，衣服也破啦！腿也破啦！"

💬这幅画已经明确地表现出空间感，对吊车的描画也清晰、简洁。通常，大家认为遮挡关系是幼儿很难表现出来的，需要教师的教授。这幅画对遮挡关系的表现恰恰说明，幼儿的观察和亲身体验会影响他们在绘画中的表现。正如玩儿完捉迷藏游戏后的幼儿更容易表现出藏在墙后面露出半个头的行为一样。昊昊将细节刻画得不错，楼房的正面和侧面都表现出来了。

雷昊 4 岁

1986 年 11 月 7 日（4 岁）

☞ 昊昊的自我控制能力增强，为了实现目标，能控制自己的行为，愿意更长时间地等待。

近来自控能力比较强些。今晚爷爷给他买来生日蛋糕，妈妈插上四根小蜡，他急着要吹。但要等着拿刀子，还要拿照相机，耽误了一阵。他也没有着急，能耐心等待（图 65）。

图 65　耐心等待吃生日蛋糕

在妈妈面前仍常撒娇，如"你这样抱着我"（横着像抱婴儿一样抱他）。

一个多月之前家里买了一架钢琴，他喜欢自己"弹"，不愿听别人弹。他模仿奶奶把琴谱放好，一页一页地翻，翻一页弹一下，还指着琴谱上说："我弹到这儿啦！"弹时不是用一个个手指，而是用拳头转着弹，弹得很快（好像大音乐家那样）。

有一次发现琴谱上有一页画着琴，像真的琴一样，特别感兴趣，一翻到有琴的地方就说："有琴。"

✎ 1986 年 11 月 9 日（4 岁 2 天）

三周前他和表哥磊磊一起参加师大办的"奥尔夫"音乐班。两人一起去有个伴儿，他也很喜欢去。课堂上老师问"谁知道"时他不举手，但叫他到前面去做时，他能做对。每次学完都要和磊磊一起出去玩儿，或去姥姥家，下午才回来。

✎ 1986 年 12 月 7 日（4 岁 1 个月）

最近每个星期日都很高兴地去参加"奥尔夫"音乐班，然后出去玩儿或坐地铁。最喜欢坐有"黑道道"的车。中午在姥姥家吃饭，午睡后回家。白天仍常常睡不着（在幼儿园也如此），但偶尔在家（星期日）也能睡大觉，结果晚上很晚才能入睡。

有时肯睡小床，但大多时间要和爸爸、妈妈睡在大床上。称大床为"我们三个人的床"。睡前要妈妈或爸爸讲故事。

> 👉 由于这一阶段的幼儿对父母有较强的依恋，让他们和父母分床/房睡不是一件容易的事情。

晚上妈妈常常帮他练习打拍子，他能较准确地做，如"一、二、三、空""小巴狗"。但在班上总不肯大胆举手。

对妈妈仍爱撒娇，偶尔说："你抱抱我。"甚至吃东西时（在遇到用勺吃有困难时）说："你喂喂我。"

> 👉 昊昊的自主性增强，愿意自己做力所能及的事情。当然，这和在妈妈面前撒娇不冲突，撒娇是因为对妈妈有较强的依恋。

近来能完全自己穿衣，不肯让别人帮忙。如果帮了忙，他就要重新穿，但穿得很慢。

小朋友到家里来，他还是愿意自己玩儿。大人要求他和小朋友玩儿，他很勉强。

想玩儿大人的某件东西时，如不被允许，也能同意，或答应玩儿一会儿就能主动送回。要求大人让他玩儿时，如果大人说只能玩儿一会儿，他也同意，过一会儿说："你做事去吧！"

> 👉 这一阶段的幼儿由于认知和自控能力的发展，在家里也更讲道理了。所以昊昊能在一定程度上理解和接受大人的某些东西是不能玩的，答应玩儿一会儿能主动送回。

对"l"的发音仍有困难，其他的音如"四"、"是"、"做"和"卓"等仍发不准确，要努力改正。

📝 1986 年 12 月 20 日（4 岁 1 个月 13 天）

今晚开始学弹钢琴，妈妈陪他一起学，他也能坚持，但注意力常不集中。课后练习在妈妈的要求之下，也能做到。

早上醒来未起床时总是唱歌，或跟着妈妈练习在"奥尔夫"音乐班学的东西，很高兴。

近来愿意扮老师，把糖和水果分给大家，但自己爱吃的东西如果不多，还是不肯分给别人。

喜欢做些事，如在饭桌上给大家摆碗、筷，用抹布擦桌椅……

幼儿园老师反映，他在班上已经肯举手讲故事或唱歌了。

两天前幼儿园开家长会，允许家长上午参观半天。妈妈、爸爸都去了（爸爸走得早）。妈妈反映他第一个举手要表演，但老师请他起来后很不好意思，扭了一阵才表演。

近来喜欢问"是什么"，或"怎么回事"。

📝 1987 年 1 月 11 日（4 岁 2 个月 4 天）

学习弹钢琴的注意力仍不够集中，拇指和小指的姿势不对，又不肯改正。练琴也不太自愿，有时妈妈强迫他弹，弄得他大哭一场。应当让他愉快地练习。

有几个字仍咬不清，如"六""三""拉""猜"。

动作慢，穿衣、吃饭都比较慢。

喜欢和大奶奶玩儿，因为大奶奶对他很迁就，又喜欢陪他玩儿。

👉 昊昊的思维仍以自我为中心。他分糖和水果给大家，只是模仿老师的行为，对于自己真正喜爱的东西，还是舍不得分享。

👉 这一阶段有的幼儿把举手和回答问题/表演当作两件不相关的事情来理解，往往会出现抢着举手后不知道怎么回答或不愿意回答/表演的情况。

👉 练琴对幼儿来讲是一件很枯燥的事情，需要更多的引导以激发他们的兴趣和吸引他们的注意力，强迫往往会适得其反。

见了客人不肯叫，不像前些时候，让他叫谁就叫谁。

午睡仍困难。

星期天上午参加"奥尔夫"音乐班，然后由妈妈带出去玩，常常下午才回家。

愿意听表扬的话，不肯听批评的话，有时对他提的要求要附上条件，如"好好吃饭才带你出去玩儿……"

不爱吃青菜、水果，爱吃肉、香肠、鸡蛋等。吃包子、饺子时可以把青菜同时吃进去。

画画用右手的时间比以前多了。

1987 年 2 月 14 日（4 岁 3 个月 7 天）

放了将近四周的寒假，每天大多都在家里玩儿。最喜欢出门，为了要出门，可以完成某些要求。

每天练两次琴，有时能主动去弹。拇指和小指的动作仍不太正确。近来妈妈把录音机放在旁边，说是把他弹的录下来，他很高兴，愿意弹琴。有时妈妈让他当"老师"，告诉妈妈怎样弹。这样他的兴致也高些。还有时利用"发奖品"的办法，和妈妈比赛看谁弹得对，弹一个曲子发一个奖品。总之，成人要不断改变方式，使他引起兴趣。已能正确地弹一些小曲子，只是弹一会儿就想随便弹。学电视里边成人弹琴的样式乱弹一阵。

近来对火车的兴趣比对汽车的兴趣大。前些天爸爸给他买了有铁轨的火车玩具。现在看电视，玩儿玩具，画画……都最喜欢火车。

有时和奶奶玩儿接龙，能变换一些玩儿法，猜数时能有意识地先数好，然后可以猜对。猜错时能笑笑，不着急。

春节期间外边放鞭炮的声音很大，他仍有些怕，还有时故意撒娇让妈妈抱。

☞ 昊昊自主性增强了，不容易被随便"使唤"了。

☞ 让幼儿听自己弹琴的声音、当老师教家长弹琴、比赛发奖品等确实是吸引幼儿练琴兴趣的好方法。在幼儿没有形成内部动机之前，这些外部强化是有效的。

在妈妈面前特别爱闹，故意做不应做的事，睡觉、穿衣、吃饭都很费事。妈妈急了打他，他就大哭大闹。

对看时钟开始有兴趣，但弄不清长针、短针的关系，常常要问"几点啦"。有时能事先告诉他"长针到××时就去睡觉"，他能接受。

常常明知不应做某件事而故意去做，边做边大笑。

班上的新老师春节前曾来家访，说他在幼儿园穿衣比较快。但在家里总想让别人帮忙，故意不肯穿。

已知道春天之后是夏天，夏天之后是秋天、冬天。

喜欢照相，看相片时能联想当时是在什么地方照的。

自己用手把眼睛蒙上问别人："你看得见我吗？"

在妈妈面前比较任性，一定要做什么，如不能如愿常大哭，大闹，发脾气。

晚上睡觉时要妈妈讲故事，停止讲时就要哭闹着喊："还讲，还讲！"

喜欢和别人重复谈他认为好玩儿的事情，说的时候还大笑。

能替别人做点事，自己以"老师""大人"自居，如给奶奶拿药瓶，一定要奶奶吃药。

1987 年 3 月 7 日（4 岁 4 个月）

近来已较大胆、活泼、顽皮，在幼儿园和音乐班都敢表演。辨别音调的能力较强。因为已经学会了简谱，所以他能把学过的歌用谱子唱出来，并能在钢琴上弹出来(弹琴时边唱边弹)。

弹琴、吃饭、睡觉还不够主动，常常要用游戏的方法，如"发奖品""闭眼不看你""数××下看你做完没有"……

小朋友来玩儿时可以给他们玩具或食物，但必须是在数量较多的时候(他自己有同样的或较多的)。喜欢的玩具不肯让别人玩儿，对不太感

☞ 4 岁左右的幼儿还不能准确地认识时钟的结构及其表达的含义。成人在日常生活中结合具体事件来引导幼儿关注时钟结构和时间，有助于幼儿认识时钟、理解时间。

☞ 这一阶段的幼儿对时间的理解需要结合具体事件。

☞ 这一阶段幼儿的思维仍以自我为中心，他看不见别人就以为别人也看不见他。

兴趣的玩具有时主动地说："先让你玩儿一天。"

李伟老师来时，妈妈想送给李老师一个"小船"，他不肯给。

发音较之前清楚些，但说到 l、z、s 等音时很费劲，有时仍说不准。

最近对各种车的兴趣不似以前那么浓，因妈妈常给他讲白雪公主的故事，对白雪公主特别感兴趣。每天要求妈妈给他画一张"白雪公主"，已订成了一本书，时常拿着。每天要求用"白雪公主"手绢。自己画画的内容也不限于车了。

> 🖐 幼儿绘画的主题和内容会随着他们的成长和经验的积累而逐渐丰富起来。当幼儿"执迷"于绘画某个主题时，不用过于担忧。

晚上睡觉仍较困难，知道几点钟应当睡，但睡前总想多玩儿，不然就要求妈妈讲故事。妈妈只讲一两个不再讲时，他往往会大哭一顿才能入睡。

词语增多了，常常能对家里人描述一件事，如刚才看见什么了，什么东西变了样，"你以为""我发现……"能分清"我那天……后来……今天"的时间。但也有时将后天说成昨天。

喜欢学大人说话，一天自己说："我跟妈妈过。"奶奶问他："你跟爸爸过吗?"他说："不跟。"奶奶又问："那么爸爸就不回家来了。"他又说："爸爸回来。"

在幼儿园被一个小朋友掐了脸，有一块青，回来也没说。第二天妈妈问他才说："是××掐的。"他并未哭。

有时故意学别人的孩子说过的不好听的话，边说边笑。故意做了坏事时也大笑。

常常由于对玩具，或对某种动作的兴趣而玩儿起"假装"的游戏来。如"做饭""开车""打针""梳头"……但自己多以成人自居，要对方"服从"自己。

> 🖐 幼儿在游戏中一般喜欢扮演比较厉害的、权威的人物，从中获取现实中较少能体验到的强大感，或发泄自己在现实世界被当作弱者对待的不良情绪。

食量比以前大增，但仍不太喜欢青菜、水果。

有时仍常常大声喊叫，见了客人常故意顽皮。近来不如以前能问客人好或叫人。

📖 1987年4月7日（4岁5个月）

学弹钢琴较以前能坚持，但对手形还不太愿意按照要求做，常常因此受到妈妈的指责，甚至不欢而止。学习的进度还不慢，也能弹好，只是面对新的、难的不愿意弹，怕难，怕麻烦。喜欢弹自己知道的歌或乐曲，对会唱的歌能自己找到相应的琴键，弹时感到很满意。他虽咬字有时不清，但对音调的辨别能力较强。

近来喜欢搬动自己屋里的小家具，如椅子、小柜子……摆放之后问大人："整齐不整齐?""谁的屋子最好看?"虽然不懂怎样算是整齐好看，但试图要做到。

仍喜欢学说一些不好听的话，并故意用不好的字眼说别人，如"妈妈臭"。自己知道不对但仍要说，还说："我说脏话。"（因幼儿园班上有个小朋友爱说不好听的话，他总要跟着学。）

对有趣的话，说完大笑，并反复重复多次。

自己已经完全会穿衣服，但常常要求别人帮忙，怕难。有几次和奶奶一起睡，早上起来奶奶叫他自己穿时，总要喊"太多，你给我穿"。如果不理他，过一会儿他为了要去找妈妈，自己也就穿好了。

早上和睡觉前总要找妈妈，但妈妈最近因要考试很忙，他有时能在奶奶屋里睡，但早上一睁眼就喊"要妈妈"。

班上的老师曾来看他，他很激动，表现得不自然。但老师走后总说希望老师再来，并且记得好多天以前"有××老师来过，还有××老师没来过……"

有时偶尔能把东西给别人吃或玩儿，并说："给人家好的，自己要坏的。"还说："××（指小朋友）尽给人家坏的，自己要好的。"

爱故意说反话，如明明是好故事却故意说"不好"。别人走时跟他说再见，他说"不再见"……

🌟 4岁多幼儿的生活自理能力逐步提高，能整理自己的物品，做力所能及的事，在做事中获得成就感，获得自尊自信。比如，学着收拾屋子、整理小家具。他们非常重视成人对自己的评价，希望被肯定和表扬。

🌟 故意说脏话、反话，这是幼儿以探索社会规范的限度为目的的一种嬉戏性游戏，表现为恶作剧、开玩笑等。每个幼儿都会经历这个阶段，这与幼儿品德的好坏无关，有时候幼儿纯粹是模仿，觉得"好玩"或"有趣"而讲脏话，比如"我说脏话"；有时候是为了引起成人的注意，吸引成人的关注，比如"妈妈臭"；有时候是为了表达情绪，比如"不好""不再见"。对于幼儿说脏话、反话，我们更要更多地关注幼儿内心的本质需求，而不是表面上的说脏话、反话的行为。

🌟 分享行为是一种把自己的物品分给他人的互惠性亲社会行为。从4岁开始，幼儿的分享行为随着年龄的增长而增加。但受自我中心思维和物权意识的影响，极少分享偶得物品或特别喜欢的东西。正如这则日记末尾记录的："但他特别喜欢吃的东西（如冰棍）常常要吃双份。"

　　有时在家里白天能睡大觉(但妈妈在家时不能),醒来知道自己睡着了,晚上能多玩儿一会儿,很高兴,总要问:"我睡到几点啦?"然后又重复说:"有一天我睡到 6 点 30 分才起来,天都黑了。"感到很得意。

　　总要别人夸奖才肯完成一些任务。如弹琴时,听到别人夸他"弹得对,好",就继续弹。如指出他有错误,他多半不愿承认,甚至发脾气。

　　奶奶送给他一张画(是放在餐桌上用的),他把画放在柜子上的玻璃门内"演电影"给大奶奶看,又把椅子摆成排让大奶奶坐。晚饭后总喜欢和大奶奶玩儿,因为大奶奶听他的"指派",给他剪纸,帮他摆积木……但睡觉时仍然要找妈妈。

　　在妈妈面前仍较任性,有很多要求,在别人面前好一些。

　　妈妈给他买回来吃的东西,能分给大家吃,但他特别喜欢吃的东西(如冰棍)常常要吃双份。

1987 年 5 月 7 日(4 岁 6 个月)

　　弹琴水平有进步,但对弹新曲子总有些怕难,一旦学会了就比较喜欢弹。有时仍不注意手形(图 66),为此弹琴时常和妈妈产生矛盾,有时还要大哭一场。还是喜欢自己弹幼儿园学到的歌,自己会找调,一边弹一边唱,音也很准。弹琴仍不愿意让别人看,或让别人"闭眼"。

图 66　弹琴时不注意手形(右手)

💬 这个阶段的幼儿已经开始建立社会交往原则。对幼儿信守诺言，有助于帮助他们建立规则感。信任是相互的，只有兑现了承诺，幼儿才会更信任父母，才能和父母建立良好的亲子关系。昊昊看到父母兑现了承诺非常兴奋，晚上也听话肯睡小床了。（建立良好的师幼关系同样如此）⋯⋯⋯⋯

一次弹得顺利，主动告诉奶奶："我都会两个手弹了，也没让人说。"弹琴的时间稍长就有些不耐心，有时愿意当老师，指挥别人弹。

爸爸、妈妈答应给他买小自行车，但没买到，为此哭了两次。买回来后非常兴奋，看着爸爸、妈妈组装，晚上也听话肯睡小床了（图 67）。

图 67　新买的小自行车

近来常常牙疼，发现有龋齿。去看牙时因杀神经很疼，大哭。第二次就不肯去，大哭了一场，结果妈妈哄着他进去了。还要再一次补牙，告诉他不会疼，他也知道补好牙就不再疼了，就同意去了。但牙补得不好，过了几天已补过的牙又疼起来，只好重新去补。每次补牙妈妈（或爸爸）都要在早上 6 点去挂号，挂上第一、第二个号，8 点以前再带他去医院。因看牙的日子可以不去幼儿园，有时看完牙还能出去玩儿——坐地铁，所以他也很高兴。

还是很喜欢坐地铁，爸爸、妈妈常带他去积水潭站上地铁，坐到终点站再返回来，他特别喜欢坐"五个道道"的车厢。

仍喜欢画画，一天自己写了"雷昊"两个字，很得意。最近仍画汽车、无轨电车、火车。有时画老吊车，也能画大高楼，偶尔画画小人。

老师带他们全班小朋友去看画展，回来后他告诉奶奶："有一个 3 岁的，画得可好啦！"奶奶问他画的是什么，他说："小人，画得好才给挂上呢！"他说还有 6 岁、7 岁的人画的。问他画的是什么，他说："想不起来了。"

和奶奶说话闹着玩儿，奶奶问他有蓝色火车吗，他说有，又问有绿色火车吗，他也说有。又问他有棕色火车吗，他哈哈大笑说："你胡说八道，哪有棕色火车呀！"又告诉妈妈说："奶奶说有棕色火车。"

知道奶奶是老师，有时奶奶说的话他不好意思不听，但也有些勉强。一天他问奶奶："你当老师教幼儿园哪个班？教什么？"

近来见到小朋友时很兴奋，喜欢和小朋友玩儿。前些天小小把新买的自行车让给他骑，妈妈也叫他把新玩具给小小玩儿一会儿，两人轮流玩儿万花筒。别的小朋友到家里来时，他也很高兴。

他吃不完或不想吃的东西总是让别人吃，说："你吃吧！"他不愿意剩下，习惯地认为别人应当吃。因为平时他吃不完的，或掉在地上的爸爸、妈妈就吃了。

喜欢当老师，让其他人当小朋友，说话动作都模仿老师。

1987 年 5 月 16 日（4 岁 6 个月 9 天）

散步时又看到大老吊车，很专心地观看，看到大老吊车做完工程后，"起吊架"要放下并折叠起来才开走，印象很深。晚上回家后就画了一辆完成作业后开走了的老吊车。画完后说："大老吊车开走啦！"（图 68）

💬 幼儿的有意识记和追忆能力在不断发展，识记的持久性受很多条件的影响，对于理解了的、印象很深的，或是与情绪态度有联系的事情，就容易识记。比如昊昊告诉奶奶之前看画展时，"有一个 3 岁的，画得可好啦！"但他们记忆的完整性和精确性不足，昊昊对于 6 岁、7 岁的人画的就想不起来了。成人的适时提问和互动有助于锻炼幼儿有意识记的能力。例如，当昊昊告诉奶奶画展时，奶奶追问他画的是什么。成人平时可以有意识地让幼儿回想亲身经历的一些事件，比如星期天是怎样过的，等等，锻炼幼儿有意识记的能力。

💬 4.5 岁的昊昊开始表现出更频繁的亲社会行为，喜欢和小朋友一起做游戏，有经常一起玩儿的小伙伴，能分享大家都喜欢的东西。成人可以积极邀请小朋友到家里玩儿，为孩子创造交往的机会，使其体会交往的乐趣。

👉 四五岁时，幼儿的绘画表征进入了理智写实主义时期，可以画出事物最基本、最典型的特征。比如，图68中的大老吊车是从侧面描画的，臂架收起来后处于水平方向。整个空间构图非常合理、形象，主要由轮胎和轮毂、两个操作室（驾驶室和起吊操纵室）、方向盘、起吊架构成。左边应该是吊车头（驾驶室），右边起吊操纵室的地方隐约还能看见机械操纵杆，以及起吊架之间的几个焊接点。两个小圆圈应该分别代表的是方向盘。

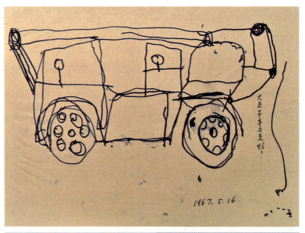

1987. 5.16

图68　大老吊车开走啦

👉 当弹琴的"兴趣"和"技能"面临冲突时，对于这个年龄的幼儿来说一定要以"兴趣第一"，坚持"游戏性"，否则幼儿容易出现倒退行为。倒退行为是幼儿面临压力时的逃避行为，是心理自我调节的一种保护机制，成人的斥责会加重幼儿的压力，进而加重他们的倒退情况，退缩回小时候求安慰、求关注的心理。成人需要做的是对幼儿予以支持、接纳和欣赏，减轻他们内心的负担并帮助他们建立安全感和自信心。

1987年6月7日（4岁7个月）

弹琴有进步，能将学过的曲调背着弹下来。只要看看名称和开始的五线谱的位置就能弹，并且能凭耳朵听出自己弹的是对的还是错的，凭记忆纠正错误。

喜欢自己随便弹学过的唱歌，能按音调弹下来。有时模仿老师弹进行曲，只注意拍子，对音调则缺乏考虑（随便乱弹）。

练琴的过程中总要伴随着"游戏性"，这样他才感兴趣。妈妈看着他弹时要求他手形准确，态度有时生硬，双方时常产生矛盾，他甚至大哭，不愿意再弹了。

和妈妈产生矛盾时，总要哭着说："我要爸爸。"平时和妈妈常任性撒娇，说要"妈妈抱抱""妈妈喂"，也常能得到满足。

有些事明明会做但懒得做，问奶奶："你在幼儿园喂小朋友吗？"

在外面见了认识的小朋友能主动去接触，叫小朋友的名字，很亲热。小小常到家里来玩儿，相处得不错，也肯让小小玩儿自己的玩具。

穿脱衣服、鞋袜完全能自理，但有时懒得做。

问他几加几是多少，他要用手指算。

💬 幼儿依赖操作实物解决加减问题，还不能进行抽象的符号运算。他掰着手指算和用积木算是一样的，手指代表了抽象数字所表达的具体数量。

1987 年 7 月 7 日（4 岁 8 个月）

前些天大舅公来看他弹琴，他弹，大舅公唱，他很感兴趣，把琴谱上学过的曲子依次弹完。

奶奶看他弹琴时，因为对他的手形要求不高，所以他愿意弹。

他用圆珠笔在纸上画了个三角形，没有画好，要用橡皮擦掉。奶奶告诉他用铅笔画的东西才能擦掉，于是他用铅笔在原来的三角形上去描，为的是"能擦掉"。

💬 处于具体形象思维阶段的幼儿，其理解能力也很直接表象。比如，昊昊为了"能擦掉"，用铅笔在圆珠笔画的三角形上描，缺乏对事物内在本质和关系的理解。

仍喜欢说自己"第一"。有时起来晚了，别人先吃饭了，他还要说他是"第一"。爷爷、奶奶不肯迁就他，说他不是第一，他就发脾气，要把别人的东西弄坏。

💬 很多幼儿都有争"第一"的心理，这是一种积极的社会性交往动机。但是这个时期的幼儿还不会恰当表达和调控情绪，有时会乱发脾气。幼儿发脾气时不宜做硬性压制，应当等其平静后进行适当引导，告诉他什么行为是可以接受的，帮助他化解消极情绪。成人应以欣赏、鼓励的态度对待幼儿，注意发现幼儿的优点，不简单地将孩子与同伴做横向比较。

知道爸爸最爱看电视播放的球赛，只要有球赛，就先不去实验室。他为了不让爸爸走就说："电视有球，爸爸不走。"

有了新鲜的东西，也知道应当分给别人，但不愿意把最好的给人。一天他找到两个大贝壳，将最大的自己留下而把另一个给奶奶，说："我送给你一个好的，你拿着玩儿吧！"

最近去过几次火车站，送天津的伯伯、大舅公、二舅公，每次都要看火车。回来后很兴奋地讲火车是什么颜色的，有几个黑道道，坐的是第几车厢……仍然非常喜欢坐地铁。

1987 年 9 月 7 日（4 岁 10 个月）

从上个月 24 日开始上幼儿园中三班，去之前常说"害怕"，因要换新的地方、新的老师。开始几天仍有些胆怯，但认为应当去，而且常常

💬 从小班升到中班，意味着长大了一岁，有自豪感的同时也有了自我要求。昊昊虽然有些胆怯，但认为应当去。中班的幼儿具有一定的适应能力，能较快适应人际环境中发生的变化。比如换了新老师，昊昊能较快适应。

💬 20 世纪 80 年代的幼教实践中一直存在识字教育，具有一定的时代背景。现在的主流观点反对大量集中识字，倡导读写萌发，关注幼儿学习正式读写前的表现，正如《幼儿园教育指导纲要（试行）》《3—6 岁儿童学习与发展指南》提倡的阅读和书写能力准备。让幼儿萌发对书籍、阅读和书写的兴趣，培养前阅读和前书写技能，在真实的生活中、在丰富多彩的活动中自然而然去扩展幼儿的读写经验，而非机械刻板地说教和记忆。

以自己是中班小朋友感到自豪，觉得自己长大了。过了几天和老师熟了，便表示愿意去幼儿园，也喜欢新的老师（图 69）。

图 69 幼儿园中三班（二排正中间）

中班老师教认字，觉得自己认识字了，很高兴。已经认识了"爸爸""妈妈""我""是"等字。

暑假里钢琴老师不来，不上课，但每天都自己练习。对练习总是很被动，推托。特别是在妈妈看他练习时，常常抵触，甚至大声喊叫。但是当练熟了某首曲子时就能主动地弹。有客人来时，让他弹熟练的曲子，他也肯弹。

仍喜欢玩儿火车、汽车。出门坐了地铁、汽车回来后总要讲坐的车是几个"黑道道"的。常常要求爸爸、妈妈带他出门坐车。

上个月，妈妈和小小的妈妈曾带他和小小坐火车去长城。奶奶那天不在家，回来后他兴奋地给奶奶讲坐火车的事。但对长城的印象不深，没有讲什么（图 70）。

图 70 坐火车去长城

喜欢用大人对他讲过的话去说别人。比如认为别人说得不对，就说"你胡说"。看见爷爷边吃饭边看电视，就说："快吃，别看啦！"允诺别人什么事时常说："我说话算话！"此外，还能恰当地用一些新词，如"其实""一般""我估计"……

前几天感冒了，对妈妈说："我生病了，你保护保护我。"妈妈问他怎样保护，答："抱抱我什么的。"有时仍对妈妈撒娇，要"抱抱"。

和妈妈在一起时仍有时很任性，一不满意就大哭大闹，在别人面前要好得多。

总认为自己已经很胖、很高，是大孩子了，常常说"我小时候"如何如何。

仍不喜欢吃青菜，对水果也较勉强，喜欢吃肉。近来吃的量比以前多些，早上肯喝牛奶，有时睡前也喝一次。

一天晚饭后奶奶带他出去散步，遇见同班小朋友。他说是晴天，不下雨。那位小朋友说要下雨。奶奶说今晚不下雨，小朋友仍说要下雨。他大声说："我奶奶是老师，是教大班的老师，奶奶说不下雨就不下雨！"

喜欢玩儿假装的游戏。和爸爸、妈妈玩儿幼儿园的游戏，自己要当老师，然后说："咱们一会儿就出去玩儿了。"并假装要出去。爷爷以为他真的要出去，说："今晚不能出去！"他大笑。

玩儿火车时总要铺铁轨，没有像样的材料时，也要放点什么，排成长长一行。认为火车、大老吊车下面必须有铁轨。有时用汽车接在火车后面，认为是一列火车。

昨天是星期日，妈妈带他去小学参加画画班，他很喜欢去，那里有许多小朋友一起学画画。

幼儿的语言能力是在运用的过程中发展起来的，成人和周围环境都为他提供了语言示范。4岁10个月的昊昊对大人说过的话能在理解的基础上进行恰当的运用，在不同的情境下做出不同的言语反应，表达自己不同的感受、愿望和观点，还能恰当地使用一些新词。

1987 年 9 月 16 日（4 岁 10 个月 9 天）

摆火车时比以前要求更严格，在玩儿之前先要把车连在一起。用挂煤气桶的铁钩把两个凳子连在一起后，还要看是否能拉着走动。另一节找不到合适的连接物，就用一块长条布挂在两个凳子之间（不在乎用什么东西连接，但一定要有连接物）。

玩儿小火车时要求有铁轨，有时在地上用粉笔画出。在桌上玩儿更小的火车时，一定要用某种东西摆出铁轨的样子（常用一些铅笔接起来）。玩儿时要指出是第几站台（因为他最近去过几次火车站，知道有不同的站台）。

用椅子搭汽车时，特别注意门的形状，要能开关的，要"像真的"，要求把售票员卖的车票订在一起，并不在乎用什么样的纸。

近来特别强调是"假装"的，常说"假装这儿有……"对爷爷说："假装这儿有电，爷爷不能过来。""假装这是火车轨道"……

教师节那天，爸爸、妈妈带他去龙潭湖公园玩儿。早上去，下午才回来，特别高兴。回来后对奶奶说"坐了×路汽车"。在龙潭湖玩儿的事只记得"坐了转椅，和爸爸一起坐的"。问他还玩儿了别的什么，他说想不起来了。

奶奶送给他一张硬纸片，上面有"玻璃纸罩"，他用卡片写了个"16"，表示 16 路汽车。自己创造性地将卡片插进玻璃纸下面，特别高兴，玩儿了几天都不厌。睡觉时放在枕头边，是"自己想的办法"。而且和平常在卡片上写车号的样子不同，更新鲜。

这学期到幼儿园后常常不睡觉。近几天赵老师给他换了位置，没有小朋友吵，并看着他。连续几天都睡了大觉。早上起来得较早，还可以出去散步或练一会儿琴。

今天爸爸出差，他告诉奶奶爸爸要走好多天，要两个星期。奶奶问

☞昊昊能够注意到构建物的客观细节特性和内部关系，结构性游戏变得更为复杂，日趋逼真与细致。比如车厢之间必须有连接物，必须有铁轨。他还注意到了构建物所特有的社会特性，比如汽车上有售票员、有车票，车票一定要订在一起才像真的。加入角色和情节，结构性游戏就可以发展成为象征性游戏了。

☞昊昊对周围环境中的数字符号充满了兴趣，也能理解数字所表达的含义。

☞昊昊的时间知觉慢慢发展起来，对时间距离有了大致的概念，但对于较远的时间距离，还不能十分准确清晰地理解，比如不是很确定一个星期有几天。

他两个星期有多少天，他说好多天。奶奶问他"一个星期有几天"，他说"有六天"，奶奶告诉他"再加上星期日就是七天"。

🖋 **1987 年 10 月 7 日（4 岁 11 个月）**

最近在玩儿的时候想象力更丰富了，"假装"很多，并要像真的。比如玩儿火车游戏时注意到能当"车站"的地理位置，常说"不能在那里等车"。在外边玩儿砖，要"砌墙"，以前是将两块砖摞在一起就行了，现在要在两块砖之间放些沙子或土，说是"像工人叔叔那样盖房子"。

有时能讲出想象的事，如早上和奶奶散步时看见布告栏内有张图片，上面有铁轨，他对图片上有铁轨非常感兴趣，并说："我看见铁轨了，我真棒。"回去的路上自己说："我回去告诉妈妈，说我看见铁轨了，妈妈说你怎么能看见铁轨呢？我说我是在图片上看见的。妈妈说'呦'！"

近来玩儿汽车、火车游戏时对表现车头、车身的要求更严格了。他当车头，奶奶当车身时，必须是他先转弯，奶奶后转弯。他说"车身自己不能先转弯"。奶奶让他向遇见的大人问好，他说"火车不能说话"。

家里来了小朋友，他表示欢迎，但要由他指挥，如听他弹琴，不许动手，或叫人家到另外的屋子去玩儿。前几天周家的恩赐哥哥来玩儿，两人玩儿得很好，他对比他大的孩子比较客气。

曾对奶奶说："我在幼儿园三个人搭了一个大楼房。"感觉三个人在一起搭得好，很高兴。

近来对弹琴的兴致高了一些，有时主动去弹。只要学新的、难的就不想弹，怕困难。一旦弹熟了就很愿意弹。特别是他已经学会，而妈妈尚未弹熟时，他要"教妈妈"弹，那就更高兴了。常常喜欢当老师，指挥别人。

仍喜欢随便弹琴，模仿老师弹进行曲，可以更自由，愿意怎样弹就怎样弹。

💬 这里玩儿的角色扮演游戏没有借助实物，完全是以语言和动作塑造想象情境，用语言和动作来象征另一事物和动作，如用身体动作表示"开火车"，用语言规定车头、车身及谁先转弯等。

除了语言、动作等游戏的外部行为特征，我们能感受到昊昊的游戏性体验，感受到他在游戏中获得的自由感和支配感。

☙ 幼儿自我控制能力的发展在 5 岁左右时变化较大，出现明显的转折点，如昊昊能自我约束主动弹琴，能有意地行动或抑制某些行动（先弹再玩）。成人提供给昊昊可以内化并用于自我指导的语言（"先弹完琴，以后就不用惦记弹琴的事了"），帮助他理解目标与实现目标所运用的行为策略的关系，提高自我调控能力，成为有效的问题解决者。为达到成人的要求或自己的目标而控制自己，克服困难，这也是意志的最初形态。

🖋 **1987 年 10 月 21 日（4 岁 11 个月 14 天）**

家里装上了电话，他开始学着打电话。奶奶在外边开会给他打电话来，问他这几天吃饭快不快，他想了一下说："我在小二班有一回是第一个吃完的。"同时也承认现在吃饭"不快"。有一次奶奶给他打电话，他拿起话筒来第一句话就说："我今天自己叠了粉红色的大被子，全是我自己叠的。"非常高兴（但他并不是常常自己叠）。

他很喜欢三姨婆送给他的乐高插片玩具，自己插了个楼房，爱不释手。弹琴时将它作为"一等奖品"（弹得最好时获得这个奖品）。

近来对练琴不那么反感了，很喜欢弹已练熟的曲子。特别是开始时有点难的曲子，以后练熟了就很高兴。奶奶问他："你怎么会弹得那么好？"他回答："用心。"

这几天从幼儿园回来后，奶奶让他自己规定时钟的长针到什么地方开始弹琴。他能提出开始弹的时间（认为弹完后还可以玩儿很长时间），到时间了也能主动地开始弹琴。事后还对大奶奶说："先弹完琴，以后就不用惦记弹琴的事了。"

大奶奶要带他出去接爸爸，他说："我得问问妈妈叫不叫我去。"

雷昊 5 岁

1987 年 11 月 7 日（5 岁）

几天前就算着快到 5 岁了，因为爷爷是 11 月 9 日生日，爷孙俩准备一块儿过生日。他说要买两个蛋糕，"给我大的，给爷爷小的"（图 71）。

图 71　和爷爷一起过生日

近来常以"5 岁的孩子"要求自己。从幼儿园回来后，在奶奶的提醒下自己脱外衣并叠好。有小弟弟来肯照顾。谢小迪来了，他给拿尿盆。还说："奶奶屋子可不能去玩儿，别给奶奶弄乱了。"

早上起来和奶奶出去散步，虽然他已经在屋子里说说唱唱闹了半天，但快走到家门口就想起来："咱们小声点，别把他们吵醒啦！"

现在认为弹琴是每天必须做的事，所以玩儿到一定时间就主动说要弹琴。一天，玩儿得时间长了，忽然想起来说："还没弹琴呢！"

早上在外边看见煤球，他问奶奶："那是什么？"奶奶说："叫煤球。"他说："不是煤球，是煤丸子。"并用手去摸着玩儿。

☞ 5 岁的幼儿不但比较明显地掌握了一些大致的道德标准，可以因自己在行动中遵守了成人的要求而产生快感，而且开始关心别人的行为是否符合道德标准。这时的幼儿常常"告状"，这是由道德感激发的。他们看见其他幼儿违反行为规则，会产生极大的不满。但自己的坚持性也很差，一会儿说吵闹不好，但可能过一会儿自己就吵闹起来。

☞ 幼儿行为的目的性、计划性和坚持性水平是逐渐提高的。随着经验的积累和认知水平的提高，昊昊已经能够根据自己个人活动的经验来预先计划活动了。

　　奶奶到幼儿园接他时，看见有的小朋友得了小旗子。奶奶问他："你怎么没有得小旗子?"他说："上课没举手说话。"问他为什么，他答："害怕。"但近来在幼儿园已比较大胆、活泼，有时和老师闹着玩儿。

　　每个星期日妈妈都带他到小学去学画，现在他不是只画汽车了，有时能画小人、鱼……

　　爷爷送给他一个大皮球作为生日礼物，他开始接球时总要向前跑，因此接不到两三次就把球碰远了。经过练习慢慢会站稳了接球，能接 70 多次(图 72)。

图 72　爷爷送他大皮球作为生日礼物

1988 年 1 月 7 日（5 岁 2 个月）

　　去年 12 月 5 日又跟另一位老师学弹钢琴，老师认为他有学习前途，但手形不好。近来每天妈妈看他弹琴时都纠正他的手形，虽然有进步，但有时弹琴的兴趣降低。又经过几周的练习，手形纠正得较快，妈妈也不太硬性要求了，他的兴致也有所提高。上钢琴课时注意力仍常常不集中，东看西看。但每当学会了一首曲子，兴致就高起来，愿意一遍又一遍地弹，不愿意看谱子，很快就能背下来。

12月1日，牙疼，未去幼儿园，到医院去看医生，说是长牙。

在幼儿园学了制作"冻冰花"，回家来也要做（妈妈帮他做）。把小碗里放了水和颜色纸，第二天早上醒来赶忙去看，并把做好的冰花带到幼儿园。下午奶奶接他的时候忙叫奶奶看挂在树上的冰花，并说："这是我的。"

现在知道早上不要吃太多，怕中午吃少了睡不了午觉，说："我愿意中午多吃，好睡着觉。""明天星期天，可以晚点起床，吃大煎鸡蛋。"

在家里睡午觉仍常常睡不着，有时能安静地躺三小时，也睡不着。问他为什么在家不睡觉，他说："在幼儿园不睡觉老师说，在家不睡觉，妈妈不说。"

12月12日晚上奶奶给他一大摞红纸，他主动说"谢谢"。但立刻又不好意思。

画了一张画说是要送给大舅公，但仍要摆在自己桌上，不肯拿走。

前些日子为大奶奶画了一个"挂历"，画上了太阳、花朵、火车……还让爸爸把英文名称写在旁边。在画上写了很多数字，从1写到31代表每一天，但"挂历"上没有年和月。他把数字都写在画的空白处了（图73）。并说："大奶奶来了，这就是她的生日。"（大人曾拿着挂历告诉过他哪天是她的生日）。

其中有的数字写错了，如把21写成12；把22先写成32又涂改成22；23，24，25都竖着写，而且是从下往上摞着写；把26写成16；写30时没有空白地方了，就返回来夹在5和6的中间；31也是挤在"26"的左边（把26错写成16）。所有写的数字中凡是有5和9的总是写反（5，15，25，9，19，29）。

☞ 时间是流动的、无形的，计时工具有助于我们理解和掌握时间。对时钟和挂历这些计时工具的认识是大班幼儿数学学习的内容。这则记录说明昊昊知道一个月有多少天，了解挂历上要有数字和图案，能用自己理解的方式描画心中的"挂历"，但还不了解挂历上的数字的组织规则及其表达的含义。

☞ 数字或字母写反的行为被称为"镜像书写"，在4岁左右的幼儿中比较常见，是幼儿在大脑发育过程中的自然现象。幼儿对空间和距离的感知还未完善，深度知觉也较弱，容易左右不分或上下不分。随着年龄的增长，幼儿对物体形状、大小、方向的辨识能力增强，这种现象会逐渐减少。

☞ 这幅画表现出图式期幼儿绘画的特点。这个时期的幼儿经常会画一些"模式画"，比如太阳、花朵、小草等形象，而且"长的样子"都非常像。此外，有些画面形象具有了符号的性质。例如，太阳代表天空，而在画纸底部画一条线（基地线）则代表地面。通过太阳和基地线，便将三维空间在二维空间（画纸）上做了标定，使画面有了明确的空间关系。

图 73　画了一个"挂历"

☞ 在规则游戏中，昊昊虽然努力遵守达成一致的规则，但依然具有自我中心的特点，仍无法避免一些违规行为，比如有时替别人走棋，有时自己抢着走棋。规则游戏能力，是随着幼儿去自我中心和协调他人观点能力的发展而增强的。鼓励幼儿玩规则游戏的时候，不宜过于强调输赢。

开始和爸爸、妈妈玩儿扑克牌，下跳棋，学会了一些规则。总认为别人还不会，要"我教你"。开始时不愿意输，一输就说"不算"，或"我没有输"。逐渐能承认自己是输了，但要和别人比"我赢××次，你××次"。玩儿时能按规则做，但不懂得想办法赢。有时替别人走，或自己抢着走棋。

奶奶问他在幼儿园喜欢玩儿什么，他说："角色游戏。"问他当什么，答："售票员。"他仍非常喜欢火车，见了"∣∣"型，就联想到铁轨，见了像火车的东西就要玩儿开火车。没事时自己总是学"火车走"，或者说："到站台看××火车。"盼望星期日出去看火车，每次回来总要反复讲"看见了××颜色的火车""看见了五个黑道道的火车"……

1月4日夜里发烧，第二天烧仍未退，妈妈带他到校医院。对打针十分紧张（因很久未去看病、打针），打针时哭了。第二天不愿意去，勉强由奶奶带着去了，总要问"疼吗？"事后也知道不疼，但每次去时总是紧张。

7日下午睡觉时奶奶说："快点睡，睡醒后去打针，过了5点30分就不能打了。"他在床上躺了近三小时。4点钟时奶奶叫他起床，他不肯起来，并说要躺到 5 点 30 分，就可以不打针了。说了一阵，告诉他再打两针病就好了，否则还得再看病，重新打针，这才肯起床。

这几天因打了针，回家后想玩儿打针的游戏。奶奶给他准备了棉花球、棉花签和"针"。他按照打针的程序给娃娃"打针"。又说："还得验血，从耳朵上取血。"奶奶又抱着娃娃走到他跟前，他说："别到我这儿来，验血在那边！"

星期三下午校医院注射室不办公，在急诊室打的针。他喜欢在"东边"（指急诊室）打针。第二天早上去时，急诊室没开，奶奶告诉他星期三、星期五下午才能在急诊室打针。星期五早上打完最后一针后，他说下午还想再打一次，因为可以在"东边"打。

他知道美国和这里的时间不同，中午问奶奶："现在美国是什么时候？"早上对奶奶说："现在美国是晚上吧！"

12 月结束时他知道挂历用完了，"现在是 1988 年"。还知道从 1 月 1 日开始，每天日期的号数要增加一个数字。

喜欢玩儿"开商店"的游戏，愿意卖东西。知道要用钱买东西，各种东西都有价钱。但对买者给多少钱，卖者要"找钱"而不是"给钱"，还不清楚。

对于时钟略知道一点，长针到什么地方就做什么。但还不太清楚短针的作用及短针和长针的关系。

他近来画画有进步（每星期日到小学去学一次）。这几天画完画，让奶奶替他把要说的话写在画上。奶奶替他订成书，帮他写书名，叫作《雷昊的画书》。其中"雷昊"两个字是他自己写的，写完名字后很得意。他把封面上的字和里面每张画上写的字都用铅笔画上横线，奶奶问他为什么，他说是"重点"（图 74）。

最近有了自己的小书桌，把东西都放整齐，桌上不许摆东西，第二天仍要整理。也能自己铺床，把衣服放好。

☞ 游戏具有情绪恢复功能，可以修复"受损伤的心灵"。玩医疗玩具可以帮助幼儿更好地理解医院的环境，减少恐惧、焦虑与紧张，排解消极情绪。

☞ 幼儿画画后对自己作品的讲述能很好地帮助其梳理图画所要表达的内容，促进语言和图画两个符号系统的互动。当然，幼儿对作品的讲述也有助于成人了解他们的想法，了解他们绘画表现的一些独特方式。成人记录幼儿对绘画作品的讲述是非常好的一种支持幼儿绘画能力发展的方式。

☞ 在尝试书写方面，5 岁的昊昊能够书写出基本可以辨认的简单独体字以及自己的名字。不过正确地书写汉字不是幼儿园阶段教育的重点，家长不宜过分强调。……

图 74　雷昊的画书

☞ 这则日记里有 3 幅画，可以看出这时候的昊昊能够充分感知到物体的各种形状特征（椭圆形、圆柱形、梯形等），并将其组合成不同物体的造型（桥、楼房、山）；能合理运用空间结构，通过上下、前后、里外、中间、旁边等方位描画物体的位置和运动方向（图 75 的桥上桥下、图 76 的楼房里和边凉台、图 77 的老虎运动方向等）。

昊昊在绘画的过程中开始有了许多语言伴随，他用语言来扩展和丰富画面上看不到的一些内容［人一到河边，（河）上头有个桥，人就掉不下去了］。这时昊昊的语言已经超越了与物体一一对应的关系，实现了语言的概括功能（水桥、边凉台）。他也可以较好地组织图画内容，注意讲述的因果关系（老虎要上那个山去，得过桥）。……

✎ 1988 年 1 月 8 日（5 岁 2 个月 1 天）

今天画了好几张画，先画了一座桥（图 75），画完后说："桥能把人过，有水桥（桥在河水上面所以叫水桥），人一到河边，（河）上头有个桥，人就掉不下去了。"①

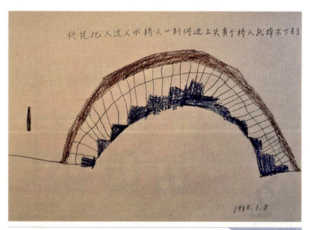

图 75　桥

———————————

① 为保留图画的完整性，增强可读性，图文会存在不一致。

还画了一栋楼房，最右边每层都画了"边凉台"（图 76），说是："楼房能住人，早晨还可以上边凉台上活动一会儿。"（最近因为天气冷，早上不能出门散步，奶奶对他说过："就在边凉台上活动活动吧。"）

图 76 楼房

此时的绘画作品已经具有了清晰的交流功能，即使不用幼儿讲述，成人也能看懂他的画作。学龄前儿童已经能用具有普遍意义的图画符号进行表达了。这段时间的几幅画作都能反映出昊昊对事物的认识在逐步深入，涂色技能也有较好的发展。

又画了动物园的狮虎山（去动物园时总要去看大老虎，对狮虎山的印象深。但是山的颜色并没有按照真的狮虎山的颜色，自己想画什么颜色就画什么颜色）。把老虎画在山顶上，还画了一座桥的半边，说是通向另一座山的（图 77）。自己想象着说："老虎要上山去，老虎要上那个山去，得过桥。"（去动物园时过了好多桥）

图 77 动物园狮虎山

这幅绘画作品的画面主题突出，色彩搭配和谐。画的老虎姿态生动，特别是尾巴的样子充满童趣。

💬 这段文字将昊昊的兴趣、爱好充分表现出来了。他喜欢警察的形象，以至于爱屋及乌，喜欢警察的衣服，喜欢关于警察的歌曲，还喜欢画警察的画，喜欢了解关于警察的相关知识……从中也可以看出学龄前儿童的认知世界是整体性的，其认知与生活经验密切关联。

✒ **1988 年 1 月 31 日（5 岁 2 个月 24 天）**

　　一直以来都喜欢警察，特别喜欢穿之前大奶奶给他买的警察衣服，一穿上就不脱。在大街上看到警察就指着说"警察叔叔"。最近又喜欢唱一首歌颂警察的歌，大声唱。今天画了一幅警察叔叔的画（图 78），说："警察能管汽车，还能管卡车，也能管'130'（一种在大街上经常能看到的小型卡车）。"

💬 人物形象是学龄前儿童绘画中最常见的。从这幅警察叔叔的画中可以看出，昊昊对人体结构和五官的特征都有较好把握。人的胳膊张开在身体两边是这个年龄段幼儿画人时的常见表达。随着年龄的增长，胳膊会"放下来"。

图 78　警察叔叔

✒ **1988 年 2 月 7 日（5 岁 3 个月）**

💬 这段客观描述形象地展现出一个活泼、好动的幼儿形象，好动、爱玩儿，喜欢游戏是学龄前儿童的年龄特点。

　　4 日至 7 日去天津，对坐火车很感兴趣。到天津后住在四姑妈家，和卢明哥哥、小宇哥哥玩儿得很好。到了二舅公家不愿意待，喊着要回家。问他回哪个家，说："回四姑妈家。"在二舅公家总要乱动东西。二舅公有病躺在床上，他用吃油饼的手去摸二舅公的被子，二舅公有点着急，怕把被子弄脏了。吃过晚饭后妈妈就带他回四姑妈家去了。

他对天津的公共汽车路线已有些了解，第二天还去大舅公家，也去了北宁公园玩儿，很开心。两个哥哥都问他："你跟我好吗?"谁问他，他就说跟谁好。惹得两个哥哥闹意见，生气，但都对他很好。

第三天长时间弹电子琴，玩儿小宇哥哥送给他的小汽车，7 日晚回北京。

1988 年 3 月 7 日（5 岁 4 个月）

因为去过天津，幼儿园怕传染病，根据相关政策要到 3 月 21 日才能去幼儿园，因此这些天一直在家里玩儿。

弹琴还照样进行，对弹熟了的曲子很喜欢弹。手形仍不太好，练琴时有时注意力不集中或偷懒。对新学的曲子自己能慢慢按照五线谱弹，熟悉后就不再看谱子了。3 月 1 日曾和奶奶玩儿"娃娃家"，他很喜欢娃娃，要求给娃娃穿好衣服，然后将其他动物都摆出来。他当老师给"孩子们上课"，把幼儿园一天的生活都表演了一遍。模仿着老师平日的语气，玩得很高兴。吃水果时他发给每个"小朋友"一块苹果，发一块吃一块(实际上是自己在吃)。平日不爱吃水果，这次一连吃了两个苹果。

2 日晚上和奶奶玩儿"做饭"的游戏，有些动作，如吃、喝都是假装的，要求不严，有动作表示就行。但包饺子擀皮一定要有一个类似于擀面杖的东西。认为"煮饺子的锅不能烙饼"，必须另找一个。

由于去过天津，对火车、天津的汽车站印象更深了，更愿意玩儿火车游戏。能事先提出要玩儿什么游戏，玩儿几路汽车就按该路汽车的站名"报站"。玩儿火车游戏时自言自语："第一节是客车厢，后面全是货车厢，一节、二节、三节……蓝火车头，这是车灯……现在车要拐弯了……"

摆火车时全用长方凳子，不要圆的(图 79)，一把小椅子接一个凳

☞ 昊昊像很多男孩子一样，喜欢火车、汽车，甚至喜欢乘坐公共交通工具，因为感兴趣，所以对公共汽车的路线也有记忆。

☞ 昊昊十分喜欢玩角色游戏，特别喜欢当老师，给"孩子们上课"。喜欢模仿的游戏内容反映了昊昊的生活经验，是其生活的想象和再现。由于是在游戏，是在玩儿，良好积极的情绪使平时的不可能——不爱吃水果，也成了可能——发一块吃一块。这就是游戏的作用和魅力。

☞ 昊昊特别喜欢和奶奶玩儿游戏，这应该和奶奶懂他，能支持、配合、顺应他是分不开的。比如，他认为"吃、喝都是假装的"，已经能完全将假象和现实区分开来。

🖐 昊昊本来就十分喜欢火车、汽车，由于有去天津的生活经历和体验，他玩儿起火车游戏来显得十分得心应手。通过以物代物，完美地呈现了火车应有的样子，"这个火车是真正的！"这一句话更是充分表达出他在游戏中的投入程度，他已完全沉浸在自己的创造想象中。

🖐 这段观察给予角色游戏一个很好的演绎。昊昊通过演火车司机的角色，运用想象，创造性地反映他前期生活印象。角色游戏是幼儿期典型的一种游戏，因为通常有一定的主题，所以又被称为主题角色游戏。在这个游戏中，昊昊不仅有主题，还有情节（着火、翻车）、有"人物"（娃娃、动物）参与等。

子，"凳子是小桌，椅子是座位"，不许别人弄乱。把小矮凳子放在最后，说："这是最后一节车厢，再过去就是行李车厢。"两个凳子之间要有个缝，说是连接的地方，还说："这个火车是真正的！"

图 79　用长方凳子摆火车

以前玩儿火车游戏时要用一个竹竿挡住，然后让火车走。现在叫奶奶等着，说："假装有个竿子，先别走。"每次都要说明是第几次列车。将娃娃、动物放在"火车"内坐好，自己把三轮车放在前面骑上，假装开火车。

"火车到北站（天津北站）了。"奶奶说："还得坐汽车吧？"答："先坐地铁。"立刻改按北京的地铁报站："列车运行前方是××站，有在××站下车的乘客请您做好准备。"

由于在电视里看到火车翻车的事，近来玩儿火车、汽车时常常说"火车着火了""汽车翻车了"。奶奶告诉他："如果司机开得好就不会翻车或着火。"

总愿意有别人和他玩儿，爸爸、妈妈、爷爷、奶奶……如果奶奶叫他玩儿什么，总是说"你和我一起玩儿"或"咱们俩做"。

自己愿意做的事总是抢着做，不许别人动手。不想做的事，别人叫他做，也不动手。嫌自己的袜子臭，常叫别人给他脱下来（睡觉前）。

最近对三姨婆送的"乐高"玩具很感兴趣，每天都要搭不同的车或房子。一次，搭了个房子说："这是平房，有玻璃天窗。"

有时愿意和大人一起看电视，并记住有趣的部分，愿意重复看。比如"东芝""小哥哥被汽车碰破了头""猪八戒吃西瓜""小姐姐不会挤牛奶，喷了一脸，热乎乎的"。第二天想起来就好笑，问他笑什么，说："小姐姐不会挤牛奶。"

1988 年 3 月 14 日（5 岁 4 个月 7 天）

开始关心周围成人在做什么，要问是在干什么，有时进行评论。

今天奶奶带他去买花，送给周老师，祝贺她搬家，爷爷自己也要买一盆海棠花。他说是给他的，要放在他的屋子里。奶奶说："这是给大家的。"他不明白，反问："什么是大家的？是我的还是爷爷的？"

过了两天他自己说："大家的。"奶奶问他："大家是谁？"他说："大家就是爸爸、妈妈、爷爷、奶奶和我。"

人际交往是幼儿社会学习的主要内容，日常生活是幼儿社会性发展的途径之一。昊昊开始关心周围成人在做什么，不仅"要问是在干什么""有时进行评论"。从奶奶说的"大家"的例子，他融会贯通地理解为"大家就是爸爸、妈妈、爷爷、奶奶和我"。奶奶在引导昊昊理解"大家"这一内涵时，不着痕迹地通过日常对话渗透，在昊昊提到"大家"时，又去追问、强化这一"成果"。

1988 年 4 月 7 日（5 岁 5 个月）

近来对小书桌已不那么有兴趣了，桌上乱了也不主动整理。玩儿火车、汽车时仍愿意在大书桌上玩儿，因为地方大。

喜欢给别人讲经历过的事"后来呀，玩儿吧……"不管别人是否注意听（如给小小讲，小小不听他也讲）。

常常学大人的口吻说话，"不用你管""别说废话""胡说"……

开始喜欢自己做有兴趣的事，如倒水、擦地、洗东西。但兴趣不稳定，高兴时才做。做了一半，如果有别的兴趣就扔下不管了。

🖋 1988 年 4 月 15 日（5 岁 5 个月 8 天）

最近比较喜欢弹琴（以前是弹熟了的才喜欢，对不熟的不愿弹），还要教妈妈弹，给妈妈打分（因为妈妈常常给他打分）。但一出错或是妈妈批评他手形不对时，就不愿再弹。

在妈妈面前不听话，穿衣服很慢。妈妈问他："你在幼儿园怎么穿得快，在家就穿得慢？"他说："因为妈妈好。"

🖋 1988 年 5 月 7 日（5 岁 6 个月）

早上常常要吃好几个鹌鹑蛋。昨天李伟老师来说"只能吃两个"，因此现在只吃两个，他说："李伟老师说只能吃两个。"

奶奶说自己是老师，他对奶奶说："那你比老师还得厉害。"

和奶奶比身高，并说："我跟你比我是个学生，我跟我爸爸比我是个小孩儿。"

把尺子（有点像温度计）贴在门上要看看是"几度"。

玩儿积塑玩具插汽车时，说要"先插一节，后面拐过来才像真的公共汽车"。不许爸爸帮忙，一定要自己插，还要"像真的"。

早上要第一个起床，如果妈妈已经先起来了，就叫妈妈再躺下。

🖋 1988 年 5 月 15 日（5 岁 6 个月 8 天）

画画注意力集中，可以画较长时间，有时边说边画："因为懒得上

🖋 昊昊很喜欢模仿大人的语言和行为，容易受周围环境中成人的影响。在家庭教育中，成人的言传身教、示范作用很重要。

🖋 从这段话记录中，可以看出昊昊建立了"比"的相对概念，即"比"的结果要看"比"的对象，要看参照物，即跟谁比。

🖋 这个年龄段开始萌发竞争意识，竞争意识的萌芽是幼儿自我意识发展的重要表现，此时更需要成人加强正确引导，如培养其健康的竞争心态，积极看待竞争等。

山，就坐缆车。缆车能在空中走，还能爬山，还能坐人。"因为最近坐过缆车，就画了缆车(图 80)。

图 80　缆车

在绘画中，昊昊很好地展现出缆车的整体和构成部分的形状、方位关系。绘画、拼图、搭积木等空间活动都有助于提高幼儿的空间技能。这再次说明幼儿的绘画是对其生活经验的反映。

对北京的公共汽车是几路，在哪儿换车很清楚。对地铁的颜色也很熟悉。

仍不主动弹琴，不自觉。有时早上弹一会儿，为的是下午可以少弹一会儿。弹错了，别人指出时不承认。喜欢弹熟悉的曲子，手形仍不好(右手)，妈妈一纠正，他就失去兴趣。有时用奖励的办法还可以让他弹一阵。

1988 年 6 月 7 日（5 岁 7 个月）

妈妈 5 月 21 日去广州出差，走后一直没有提妈妈。到了 5 月底，奶奶告诉他下星期六妈妈就回来了，并说："妈妈还不知道你会弹新曲子了呢。儿童节还得了新礼物……"他点头笑，很高兴。

过了几天(6 月 2 日)爸爸问他想不想妈妈。他说："想!"晚上奶奶告诉他："妈妈坐晚上的火车，星期六就回来了。"6 月 3 日一早就问奶奶："妈妈什么时候回来?"6 月 4 日早晨接到妈妈的电话，最后说"再见"显得无所谓，但下午见到了妈妈非常亲，一两天内都要妈妈和他玩儿，要"抱抱"。

☞ 幼儿幽默感的萌芽表现为会开玩笑。幽默感能够促进他们的认知与社会性发展。昊昊觉得奶奶拿错了罐子这件事很可笑，反复以此来逗奶奶开心，说明他已经初步建立了幽默感。

六一节前，奶奶告诉他："爷爷给你买了儿童节的礼物。"他很高兴，但一看见是毛巾被很失望，他认为"礼物"应当是玩儿的或吃的。

奶奶拿糖罐，一下拿错了，拿了瓜子罐，打开一看两人大笑。之后他重复了好几次说："给你糖。"并用手做出罐子形和打开的样子。

1988 年 7 月 7 日（5 岁 8 个月）

电视里有这样一个场景：一位妈妈骑车带孩子，孩子说老师不允许骑车带人，可妈妈仍然带孩子骑。他看过节目后一连几次问奶奶："妈妈为什么还要带?"第二天还问。

☞ 五六岁的幼儿能初步理解规则的意义。幼儿喜欢模仿，要培养他们的规则意识，成人要遵守社会行为规则，为他们做出榜样。

最近和小朋友一起学英语，但发音不准。

1988 年 8 月 7 日（5 岁 9 个月）

暑假和爸爸、妈妈、宋亦然小朋友，以及宋亦然的妈妈、爷爷去"黄金海岸"玩儿了几天，非常高兴。吃得多了，也长胖了点儿，自己也得意(图 81)。和宋亦然交上了朋友，每天晚上都要在一起玩儿。

☞ 这个年龄段的幼儿有自己的好朋友，也喜欢结交新朋友。所以，这个阶段要多创造让幼儿与同伴交往的机会，让他们体会交往的乐趣。

现在喜欢和小朋友一起玩儿，还是不让人。有时打架，可还是互相找。总想到去外边玩儿，一下就跑出去了。有时一个人在楼附近玩儿，有时自己去小朋友家玩儿，更欢迎小朋友来家里玩儿，非常兴奋。

喜欢学画画，但不喜欢弹琴，钢琴老师对他不满意，他不注意听老师讲话，也不努力改正手形，但弹起曲子来还是津津有味的。每首曲子非要弹对了才肯罢休。

喜欢被表扬，不接受批评，总愿意自己比别人好。

仍不喜欢吃青菜、水果，但为了其他目的(如果吃了××就可以吃××)也可以吃。

图 81　和宋亦然小朋友去黄金海岸玩

1988 年 9 月 7 日（5 岁 10 个月）

喜欢弹熟的曲调，弹时表现得意，但只希望得到夸奖，不承认有弹错的地方。爸爸看看他弹琴时能集中练习难点，弹什么、弹几遍只听爸爸、妈妈的。

能坚持早晚练琴，但只为完成任务，弹几遍就算完事。早上多弹为的是晚上可以不弹。

自尊心强，愿意以自己的长处和别人的短处比。

愿意像老师那样弹琴，快且好。爸爸说老师已经弹了很多年，所以弹得好。他说："奶奶都七十多岁了，怎么还弹得那么慢？"

弹新曲子时，遇到不熟的地方总要停顿。妈妈给他指出，他说："要是你学新的，是不是也停顿？"

6 岁左右的幼儿有了自尊、自信、自主的表现。通常，他们做了好事或取得了成功后还想做得更好；与别人的看法不同时，敢于坚持自己的意见并说出理由。

对玩具的形象要求较高，奶奶帮他做的"船"，两边窗户不一样高，很不满意，一定要改成两边一样高的。在制作电车时说："无轨电车若没有天线就不像。"

特别爱护自己做的玩具，玩儿的时间也长，总怕弄坏了。

面对新的东西总要亲自试用一下，如看见奶奶的胶条、转笔刀，爷爷的验电器……都要动手试试，说："我还没弄过这个呢！"

常常给爸爸实验室打电话，能自己拨号。

☞ 昊昊喜欢探索新的事物，有好奇心。

1988 年 10 月 7 日（5 岁 11 个月）

这几天喜欢第一个起床，然后喊："咕——咕——咕——！"叫大家起床。一天妈妈先起来了，一定要妈妈再躺下。

学习英语的情况不太好，注意力不太集中，学琴时也常是懒洋洋的。

对曲调的拍子领会较快，很容易背下来，只是手形仍不太好（有进步），一不提醒手就"趴"在琴键上。

有时说想当女孩子，因为男孩子太淘气，说："有小辫子就是女孩子，上面是女的，下面还是男的。"

有时又说："男的比女的好，男的能当男子汉，打坏蛋。爷爷、爸爸和我都是男的。"

弹琴仍要有些"刺激"，或者发"奖品"（某个曲子弹得最好，给一等奖，某个给二、三等奖）。或者弹一遍放一件东西在旁边，或者由妈妈打分（最好的是 100 分）……

仍旧喜欢玩儿火车、地铁、飞机，总是特别喜欢看电视上出现这些形象的节目。百玩不厌，有时一个人玩儿"车"玩具，"报站"游戏。

星期日总要求爸爸带着出去，并且一定要坐地铁。对地铁、汽车的形状和颜色特征都很注意，还要反复讲给别人听。

　　对幼儿园留的"作业"不太注意，还不能主动记住每天来去应当带的识字本、作业本等。到了回家的时候，见到有人来接，拔腿就跑，不考虑应当带什么回家或还有什么事情没做完。

　　在家和在幼儿园的表现不同，在家里越来越顽皮，说反话，故意做不应该做的事，然后哈哈大笑。在幼儿园一般较守规矩，较安静，但不常主动和别人玩儿。因为赵爽等小朋友经常找他玩儿，他也就和他们玩得多了。奶奶问他："为什么在幼儿园的表现和在家里不一样?"他说："妈妈好，不厉害。"

　　学龄前幼儿的家园表现不一致是一种很普遍也很正常的现象。熟悉、放松的家庭环境和有规律秩序的集体环境带来的是不同的心理体验。家园教育的一致性对幼儿的发展非常重要。只有家园合作，相互配合，为幼儿创设和谐一致的成长环境，幼儿才能有一致的表现和长久的进步。

雷昊 *6* 岁

🖋 **1988 年 11 月 7 日（6 岁）**

过 6 岁生日请他的好朋友赵爽和宋亦然来家里玩儿，吃蛋糕，他很高兴。觉得自己已经是 6 岁的孩子了，很得意（图 82、图 83）。

图 82　雷昊 6 岁　　　　　　图 83　6 岁生日吃蛋糕

💬 昊昊有很强的自我意识，有高兴的事情愿意和好朋友一起分享。这些都是他在社会性交往中能与同伴友好相处的表现。

🖋 **1988 年 11 月 14 日（6 岁 7 天）**

昨天爸爸离开家去美国，大家到飞机场送行，他注意的是"要拉带轱辘的箱子"，爱看飞机，对爸爸的离开似乎无所谓。但第二天早上要爸爸送他去幼儿园，妈妈说爸爸不在家，他生气地说："你为什么叫他走？"

爸爸到美国后给家里打来电话，他先是不肯接，也不愿意说话，后来还是说了。他想要爸爸和他玩儿，但对打电话并不感兴趣。

💬 昊昊对爸爸外出这件事看似不在乎，但"容易发脾气"，这表明爸爸的外出影响了他的情绪。家长要善于观察、捕捉幼儿的外在表现，洞悉内在的原因。只有这样才能真正做到对症下药。

🖋 **1988 年 12 月 7 日（6 岁 1 个月）**

几天前曾发烧，不肯打针，只愿意吃药。开始打针时有些紧张，打过两次后就不太在乎了，体会到并不疼，并主动要求去打针，说："早点儿打完就没事了，可以玩儿了。"

生病时赵爽曾来看他（图 84），开始玩得很好，玩儿牌，后来他想讲故事，也肯在大家面前讲。但讲到"大缸、小缸"时，就笑个不停。赵爽说："你别笑，要笑我就不听了。"他恼羞成怒，把赵爽紧紧抱着压在地上用力推拉，谁拉他，他就打谁。赵爽走后他还在生气。第二天奶奶和他讲道理，他才肯接受。

图 84　好朋友赵爽来看他

近来身体不太好，容易发脾气，也可能和爸爸的离开有关（少了和他玩儿的人）。

1989 年 1 月 7 日（6 岁 2 个月）

在幼儿园班里讲话比较大胆。听牛老师说，在课堂上，当老师摆出×桶水，又拿出×桶水，问小朋友是多少桶水时，他举手发言说："应当说'一共是多少桶水'。"

他参加幼儿园的绘画班，牛老师认为他画得不错。虽然仍喜欢画车，但也增加了一些别的内容，如房子、树木、人……

💬 培养良好的倾听能力和口语表达能力很重要。幼儿的语言能力是在交流和运用的过程中发展起来的，应为幼儿创设自由、宽松的语言交往环境，鼓励和支持幼儿与成人、同伴交流。

1989 年 2 月 7 日（6 岁 3 个月）

上个月中旬出了水痘，在家里待了十来天。昨天妈妈带他出去玩儿，今天又去姥姥家，晚上来电话说住在姥姥家了，玩得高兴不肯回来。

1989 年 2 月 16 日（6 岁 3 个月 9 天）

13 日学完琴后和四姨一起去四姨家住，第二天晚上来电话说还不回来，决定要住三天。今天回来兴致仍很高，讲到他去哪些地方玩儿了，四姨父给他讲了什么故事……

妈妈问他在四姨家想不想妈妈，他说："在家想爸爸，到那儿想妈妈。"妈妈问他为什么，他说："可能那儿离美国近一点吧！"

1989 年 2 月 20 日（6 岁 3 个月 13 天）

昨天晚上爸爸从美国打电话来，他因发烧已睡下，但还是起来接了电话。爸爸问他愿不愿意去美国，他说愿意。今天总说要去美国。对玩儿飞机又产生了新的兴趣，说是"大飞机是开往明尼苏达（美国的一个州，爸爸去的地方）的"。

今天奶奶带他去看病，他仍怕打针，但大夫规定他必须打针，他也未拒绝。打实验针时，护士用的针头很"钝"，大约很疼，他也忍受了。打青霉素时有些疼，他有些紧张，但也未闹。

近来很喜欢说话，吐字除"l"音外基本是清楚的。总愿意学大人的口气，也爱问"为什么"。只是不满意时就大声叫，特别是对妈妈容易发脾气，大喊大叫。

很希望"自主"，自己支配，曾说："等你们不在时，我就可以想干什么就干什么了。"

1989 年 3 月 9 日（6 岁 4 个月 2 天）

谢小迪来玩儿，他像大哥哥一样告诉昊昊应当怎样做，"看电视时应离远一些""脚不能放在桌子上……"

这些也是昊昊自己常犯的毛病，而且有时故意这样做。大人怎样说他，他就怎样要求别人。喜欢下棋，玩儿五连子，玩儿牌……以前一输就发脾气，近来好些，但希望至少输赢和别人相等。

最近妈妈晚上听课，他和爷爷、奶奶玩儿。第一天他很好，一个人上床睡觉，不久就睡着了。第二天上床后想起妈妈了，就大喊："妈妈！妈妈！"是想妈妈了，等妈妈回来后才睡着。

近来更喜欢问为什么，昨天是三八妇女节，奶奶告诉他是女人的节日。他问："为什么还要加一个'妇'字？"

前两天发现他半边脸有些肿，怀疑得了腮腺炎，但不疼，不发烧，没有任何不舒服。过了两天渐渐好了。

（成长记录到此为止）

读后感

走进家庭教育现场，走近儿童的发展

北京教育科学研究院早期教育研究所　苏婧

　　读了由雷思晋先生提供的卢乐山教授于 20 世纪 80 年代，对自己孙子雷昊从出生到 6 岁 4 个多月的生活观察记录，在记录的字里行间感受到一位严谨的教育家、一位慈爱的奶奶，从幼儿教育工作者的角度，以学前教育专业的眼光，对孩子的日常生活、成长进行的细致入微的观察和用心的解读。整个成长记录注重对记录对象成长轨迹、关键事件的捕捉，虽然囿于观察记录的范式要求，没有做太多分析与评价，但从观察的角度和表述，也能看出卢先生在大量观察背后的动机和心意。

　　虽然观察记录发生在 20 世纪 80 年代，但文字中无处不体现着正确的儿童观、教育观和科学的评价观，看出卢先生注重幼儿的自我评价，也注重幼儿的创新思维和独特个性的展示。透过一段段尘封的文字，一张张有童心、童趣的图画和有年代感的老照片，鲜活、生动的教育现场感扑面而来，带我们走进了教育现场，走近了儿童的发展。

　　正如雷思晋先生在序里所谈及的，"希望能给广大幼教工作者和学生提供一些原始素材，或许能对其日常工作、学习和科学研究项目有所帮助"，同样期待这本书能为广大家长朋友更好地了解孩子、走近孩子提供支持和帮助。

　　通篇读下来，值得借鉴和学习的地方有很多，概括如下。

一、凸显现实意义和时代价值

　　这些观察记录以及背后的思考，在今天都有很强的指导意义和现实价值。例如，随着《中华人民共和国家庭教育促进法》的贯彻落实，良好的家庭教育的实施需要家长从"合法"走向"合格"，这就要求家长不但要有爱和热情，还要有科学育儿的理念和方法。

又如，2022年《幼儿园保育教育质量评估指南》颁布，更倡导关注、提高保育教育的专业性，强调尊重幼儿的年龄特点和成长规律，注重幼儿发展的整体性和连续性。只有科学的、符合幼儿身心发展特点和规律的幼儿园教育，才能有效地促进幼儿的身心和谐发展。

二、体现了以幼儿发展为本的价值取向

以幼儿发展为本的价值取向具体表现为尊重幼儿的身心发展规律，主要体现在以下方面。

一是凸显了观察、了解、解读幼儿发展的重要性，并对孩子的发展关键期给予了充分关注和细致描述，有助于读者从个体身上更好地解读成长的密码。

二是突出了幼儿的学习特点，即幼儿是积极主动的学习者，幼儿在游戏中学习，幼儿在交往中成长。幼儿的年龄特点、认知特点、所持经验的特点决定了幼儿学习的主要特点是"做中学，玩中学，生活中学"。幼儿要充分感知，要在游戏化、生活化的情境中学习。卢先生对雷昊的观察及解读充分体现了她对幼儿年龄特点的把握和尊重。

三是充分揭示了幼儿的发展有一定的规律且具有差异性。例如，有在无意注意状态下的随机、碎片化学习，有以多种感官为渠道的感知、体验式学习，有动作伴随的操作式学习，有以直接兴趣为动力的情绪化学习，有在生活和游戏过程中进行的整合性、整体性学习等。

三、展示了科学的观察记录方法

一是通篇采用白描的方式，尽量客观呈现，展示了了解幼儿的客观视角。

二是保持科学、客观的分析，减少主观因素的介入。

三是持续追踪和分析一些发展线索。日记中对家长朋友比较关注的现象，如孩子的阅读、绘画、钢琴学习等，都有持续的关注和记录，有助于老师和家长等读者朋友对孩子的某一方面进行深入、持续的了解和认识，促进读者从观念到行为的提高。

四是重视家庭教育及家园共育。习近平总书记在全国教育大会上的讲话中提到，家庭是人生的第一所学校，家长是孩子的第一任老师，要给孩子讲好"人生第一课"，帮助扣好人生第一粒扣子。《幼儿园教育指导纲要(试行)》指出，家庭是幼儿园重要的合作伙伴。应本着尊重、平等、合作的原则，争取家长的理解、支持和主动参与，并积极支持、帮助家长提高教育能力。正如意大利瑞吉欧教育的创始人马拉古奇所说，儿童生活的环境"好像一个巨大的森林，儿童就处于森林之中。森林很美，令人入迷，郁郁葱葱，充满希望；但是没有路。尽管不容易，我们作为教师、儿童和家长，必须在森林里走出自己的路来。有时我们发现聚集在森林中，有时我们可能互相找不到，有时我们在林子中隔得很远相互打招呼；但是我们共生在森林中是首要的"。这里必须强调的是"共生"，共生关系是很重要的，儿童的成长需要尊重、理解和支持，以及安全、和谐的共生关系。记录中的一部分内容是对家园共育的描述，包括了孩子在幼儿园与家庭中表现的异同。家庭教育与幼儿园教育是不可分割的有机体，教师和家长应该携起手来，相互配合，相互促进。除此之外，教师、家长还应该伴随孩子的成长而不断学习、成长。从某种意义上来说，真正的教育就是成人与孩子一同成长的过程。教师与家长应该以孩子发展为本，画出最大的同心圆。在孩子成长的道路上，成人应该和孩子一起上路，来完成这段幸福而美好的修行。

看见儿童　读懂儿童
——《卢乐山儿童观察日记》读后感

中央军委机关事务管理总局红星幼儿园（五棵松园）　何梦燚

感谢刘老师和雷先生的信任，我有幸成为卢先生文稿的首批读者之一。

诚惶诚恐中欣然受命，一开始的心情真的是又激动又好奇，在卢先生的眼里、笔下，会如何记录一个孩子的成长轨迹呢？

初看倍觉真实。拜读了卢先生对小孙子雷昊从出生到6岁4个多月的生活观察记录，她将宝宝每一天吃喝拉撒睡玩的样子都进行了细心描绘，也对成人和孩子的一些互动行为进行了真实记录。尊重事实，尊重发展规律，不怕暴露孩子的问题，没有刻意回避成人不适宜的教育方式。就像邻家的家庭教育一样，非常朴实、接地气。这是教育家的大格局。

再读深感专业。因为要写评注，再次细读思量，深感卢先生的心里装着儿童，她从幼儿教育工作者的角度，以学前教育科学的眼光，即时记录着孩子的日常生活和成长变化，注重孩子的年龄特点和发展规律，注重孩子的创新思维和独特个性的展示。先生的笔触和记录推动着我，像放电影一样让我把上学时的儿童心理学、儿童游戏论等专业知识以"理论＋范例"的方式重温了一遍。

卢先生的观察笔记有一定的理论价值和实践意义，读后有很多心得体会，这里与各位读者分享几点。

一、提供了观察记录的范例

写观察记录是幼儿园教师的一项基本功。如果不能很好地观察和解读儿童，就没有办法做好教育指导。

怎么看见儿童、记录儿童呢？卢先生原汁原味的记录为我们提供了一个参考和示范。观察记录不是流水账，要有目的性和客观性，要有计划和观察重点。要持有尊重儿童、从儿童视角出发的理念，从看、听、问、思等方面聚焦自己的观察内容，由"自然的人（教师或家长）"在"自然的场景"下观察儿童"自然的活动"，并进行真实记录。

怎么解读儿童、分析儿童呢？重点参看评注部分。要积极看待儿童成长的动力，可以透过儿童的语言和行为表现客观分析他的需求、兴趣、行动缘由，以及能力、发展水平和特点。

二、40 多年时代变迁的变与不变

非常巧合，从 1982 年开始，可以说每隔 10 年，都有一个关键事件。1982 年，雷昊出生，记录开始；1992 年，我进入北京师范大学学前教育专业求学；2002 年，我自己的孩子出生；2012 年，《3—6 岁儿童学习与发展指南》颁布；2022 年，《幼儿园保育教育质量评估指南》颁布；2024 年，《中华人民共和国学前教育法》出台。时光流转，岁月更迭，国家在发展，教育在进步，一代又一代的儿童在成长，一代又一代的教育工作者在求索。其间有变化的东西，也有不变的东西。

随着时代的变迁，国家的教育政策和教育理念不断在发生变化。从文稿中可以看到 20 世纪 80 年代时代背景的烙印，比如识字教育的问题，把便等生活护理方面的观念和育儿方法，1 岁 9 个多月开始入托等。这些教育现象和教育理念如今已发生了变化，识字问题和把便问题得到了匡正纠偏，人们对此有了科学认识。

也有很多方面并没有随时代的变迁而变化，对照日记中雷昊的成长记录，回想我自己孩子的成长点滴，比对相关专业理论，可以看出，儿童的发展趋势（包括年龄发展特点、游戏发展特点、语言发展特点、认知发展特点、性别意识发展特点等）和发展规律依旧，经典的"扔与捡"游戏、"藏闷儿"游戏依然代代相传，儿童乐此不疲。

三、环境和成人的支持

玩具和游戏是孩子最好的伙伴。从记录中能看出，家人注重为雷昊提供适合不同发展阶段的玩具，如在婴儿阶段提供有鲜艳颜色和有趣声音的玩具，经常和他一起玩亲子游戏。雷昊 1 岁 6 个月左右就出现了象征性游戏，这与成人的影响和支持相关。奶奶和爸爸等家人经常充当游戏的合作者或平行游戏者。比如，和奶奶摆椅子做"小板凳摆一排"的火车游戏，奶奶拿出租车票当火车票，他很满意；没有"车票"，奶奶就剪几张白纸条给他，他不满意，后来把"肉票"给他，比较满意了，因为"肉票"上面有些字和图形。又如，在搭积木或插积塑片游戏中，因爸爸常给他插一些不同的形体，他也照样插，有时自己也能插一些别的形体，如"大老吊车""小屋""电扇"。

注重给孩子陪伴和支持。雷昊从小就喜欢车，爸爸、妈妈经常陪着他观察吊车，一趟趟乘坐公交车/地铁。奶奶注重雷昊的图画书早期阅读，雷昊 1 岁 3 个月就对不同的人有不同的反应，见了奶奶一定要抱着到小柜子去拿书，叫奶奶和他一起看，或是叫奶奶抱他看各屋墙上的画，或坐在奶奶腿上"写字"。雷昊的乐感很好，在正式学钢琴前奶奶给他做了很多音乐上的铺垫，包括去琴房玩、听音乐学唱歌打节奏等。4～5 岁是基础运动能力发展的关键期，5 岁时，爷爷送给他的生日礼物是大皮球，陪他一起玩儿球。4 岁是幼儿游戏社会性发展的转折点，注意带他出去和小朋友玩儿，同时邀请小朋友到家做客。种种细节，不一而足。

四、刻画了儿童成长的轨迹

通过卢先生的观察记录，横向可以看出一个孩子从出生到 6 岁的个体发展态势，纵向可以看出儿童感知觉、记忆、思维、语言、游戏等的发展规律。这里以 4～5 岁为例，4～5 岁是中班年龄，是三年幼儿园教育中承上启下的阶段，也是幼儿身心发展的重要时期。4 岁以后的雷昊在心理发展方面出现了较大的飞跃，比 3～4 岁迅速得多，主要表现为认识活动的概括性和行为的有意性明显开始发展。

（一）有意性行为开始发展

第一，集中精力从事某种活动的时间较以前延长。比如，4 岁 5 个月的雷昊学弹钢琴较以前更有坚持性。

第二，在家里能够收拾自己的玩具和用具。比如，4 岁 5 个月的雷昊喜欢搬动自己屋里的小家具，如椅子、小柜子……摆放之后问大人："整齐不整齐？""谁的屋子最好看？"试图做到整齐好看。5 岁时他有了自己的小书桌，把东西都放整齐，桌上不许摆东西，第二天仍要整理。也能自己铺床，把衣服放好。

第三，能完成一些力所能及的任务。比如，4 岁多的雷昊在穿脱衣服、鞋袜等方面完全能自理，也出现了最初的责任感，常以"5 岁的孩子"要求自己，有小弟弟来肯照顾，还说："奶奶屋子可不能去玩儿，别给奶奶弄乱了。"从幼儿园回来后，奶奶让他自己规定时钟的长针到什么地方开始弹琴。他能提出开始弹的时间（认为弹完后还可以玩儿很长时间），到时候也能主动地开始弹琴，事后还对大奶奶说："先弹完琴，以后就不用惦记弹琴的事了。"

第四，开始学习控制自己的情绪。比如，雷昊升幼儿园中班之前常说"害怕"，因为要换新的地方、新的老师。但认为"应当去"，而且常常以自己是中班小朋友感到自豪，觉得自己长大了。没过几天便和老师熟了，表示愿意去幼儿园，也喜欢新的老师。当然，他并非对所有事都能调节好，在特别感兴趣的事和物面前仍然受情绪支配，甚至还会出现情绪失控现象，遇到不顺心时仍会大发脾气。

（二）对事物的理解能力逐渐增强

在时间概念上，能分辨什么时间该做什么事情。能提出回家后开始弹琴的时间（认为弹完后还可以玩儿很长时间），到时候也能主动地开始弹。爸爸出差两个星期，奶奶问他两个星期有多少天，他说好多天。他知道美国和这里的时间不同，中午时间奶奶："现在美国是什么时候？"早上对奶奶说："现在美国是晚上吧！"12 月结束时他知道挂历用完了，"现在是 1988 年"。还知道从 1 月 1 日开始，每天日期的号数要增加一个数字。

在空间概念上，能够充分感知到物体的各种形体结构特征(椭圆形、圆柱形、梯形等)，并将其组合成不同物体的造型(桥、楼房、山)；能合理运用空间结构，通过上下、前后、里外、中间、旁边等方位描画物体的位置和运动方向。

在数量上，能自如地数1～10，为大奶奶画了一个"挂历"，在画上写了很多数字，从1写到31代表每一天。

能够初步理解周围世界中表面的、简单的因果关系，如知道早上不要吃太多，中午吃少了怕睡不了午觉，说："我愿意中午多吃，好睡着觉。""明天星期天，可以晚点起床，吃大煎鸡蛋。"

4～5岁儿童的思维具有具体形象的特点，在理解成人的语言时，时常凭借事物的表面属性和自己的具体经验，如奶奶说："快点睡，睡醒后去打针，过了5点30分就不能打了。"他在床上躺了近三小时。4点时奶奶叫他起床，他不肯起来，并说要躺到5点30分，就可以不打针了。

(三)游戏的表征水平提高

4～5岁是儿童游戏活动的黄金时期，儿童不但爱玩，而且会玩。此时的儿童不仅游戏兴趣显著增强，而且游戏水平大大提高，他能自己组织游戏、选择主题、自行分工、扮演角色等，游戏情节丰富、内容多样，还出现了以物代物等替代行为。比如4岁11个月以后玩汽车、火车游戏时对表现车头、车身的要求更严格了。他当车头、奶奶当车身时，必须是他先转弯，奶奶后转弯。他说："车身自己不能先转弯。"奶奶让他向遇见的大人问好，他说："火车不能说话。"注意到能当"车站"的地理位置，常说"不能在那里等车"。在外边玩儿砖，要"砌墙"，以前是将两块砖摆在一起就行了，现在要在两块砖之间放些沙子或土，说是"像工人叔叔那样盖房子"。总之，玩的时候想象力更丰富了，表征水平提高了，"假装"很多，并要像真的。这一点也体现在绘画作品上，具有了更加丰富生动的想象力。

其他还有社会交往、动作发展、语言交流、规则意识等方面都发生着肉眼可见的变化，这里不再一一赘述。

致敬卢先生！只有以儿童为本、心里装有儿童，才能做到心中有数、言之有物，才能看见儿童、读懂儿童。好文共分享，精彩相与读。让我们翻开文卷，在阅读的徜徉和思考中随着卢先生一起去看见儿童，认知童年，感悟成长吧。

走进生活，探索发现无处不在的数学与数学教育

北京师范大学学前教育系　潘月娟

卢乐山先生是一位见证百年中国历史的跨世纪老人，一位开启新中国幼教科学研究的拓荒者，一位为人谦逊、为学严谨、为师慈爱的学术泰斗，令人高山仰止。我对先生的认识主要来自她的学术论著以及同事、同人的描述，一直为先生在幼教领域所做的诸多开创性工作所敬仰，为先生在耄耋之年学习使用 iPad、发短信这种永不停歇的学习精神和对新生事物的好奇所折服。第一次见到先生是在她百年华诞庆典上，先生宅心仁厚、温润如玉的气质给我留下了深刻印象，她那句"活到老，学到老，不学到老，就没有资格活到老"更是振聋发聩、发人深省，时刻回响在耳边，鞭策后辈不断反思和努力。

今天有幸读到先生对孙子雷昊的观察记录，透过文字深刻感受到先生对学前专业的热爱追求及对家人的浓浓关爱。先生的观察记录以时间和年龄为明线，以儿童身心各领域发展与教育为暗线，详细生动地记录了孙子生活中的点滴。一则则记录呈现了一位小朋友从出生到 6 岁 4 个多月在多个方面的发展特点，为我们后辈理解学习专业理论提供了翔实的案例。卢先生的观察记录中有关于数学学习与发展的事例，读来生动有趣，形象地阐释了学前儿童学习数学的规律特点。

《卢乐山儿童观察日记：记录与分析》(以下简称《观察日记》)验证了学前儿童早在婴儿期就已萌发对数学关系的模糊感知。数学是对关系与模式的抽象与表达。比如，在现实中并不存在 1，只有 1 个人、1 辆汽车、1 个苹果、1 支笔等具体的事物，1 是对这些具体事物的数量的抽象。虽然学前儿童的认知发展处于感知运动和具体形象阶段，但是，学前儿童很早就表现出对数、量、形的模糊感知，这种感知最早出现在几个月大的婴儿身上。例如，《观察日记》中提到雷昊喜欢看人脸(1 个月 15 天)、喜欢看挂历(3 个月 3 天)、看书时很容易发现小车的图形(1 岁 2 个月 27 天)，这些都说明了他有对周围事物的颜色、形状、整体与部分的感知，只有区分事物的整体形象才能识别人脸和带图画的挂历；别人问他要汽车玩具时，他只给小的，不肯给大的，说明他能区分玩具汽车的大小。而对事物的大小、空间形式、整体与部分关系的初步感知都属于前数学的内容。

《观察日记》展现了经验和操作对学前儿童数学学习的重要意义。学前儿童更多基于生活经验和操作来理解和掌握数学，而非机械地死记硬背数学符号和公式。《观察日记》中多次提到雷昊喜欢看住宅楼、汽车、门

上的数字标号，并且在游戏中应用这种在日常生活中获得的数字表征经验，如用积木摆高楼时说"××号楼"（3岁3个月13天）；在不同情境中使用时间词汇，如"昨天昊昊在这个床上睡觉"（2岁4个月23天）、"后天我上托儿所啦"（2岁8个月）；在坐火车时数车厢（2岁10个月1天）、上下楼梯时数台阶（3岁1个月1天）等。这些事例充分说明学前儿童在日常生活和游戏中不断接触和经历蕴含数量关系的情境，获得了丰富的具体经验，在实际操作中体验数学关系。可以说，学前儿童学习数学的过程就是一个重新发明数学的过程。

《观察日记》呈现了语言能够引导和促进学前儿童的数学学习。数学语言是对关系的抽象表达，而这种表达在不同文化之下有不同的符号体系，掌握这些表达符号有助于儿童理解其表达的数学关系，这已经得到实证研究的证实。例如，幼儿最初口头唱数时可能不理解数所表达的含义，不能正确地按物点数并说出总数，但是反复的唱数可以帮助幼儿理解数词与数量的关系，进而掌握数的实际含义。《观察日记》中提到雷昊拿了三辆玩具车排队玩儿（2岁3个月15天），卢先生指着三辆车说"大的，小的，中不溜的"。雷昊（2岁6个月）在看到图画书上的三只大小不同的羊时就用到"中不溜的"来表达。这则记录让我们看到，幼儿很早就有对量的大小的感知，掌握相应的比较词汇能够帮助他们更好地表达和概括这种大小区分经验，成人的语言示范可以帮助幼儿掌握数学词汇。

《观察日记》反映了成人有意识引导的价值和作用。幼儿在家数学学习经验的获得主要依赖成人有意识地利用生活和游戏中的问题情境进行引导。数学是抽象的思维和表达。爱因斯坦就认为，数学是思维的结果。但是，仅停留在日常生活体验较难使学前儿童形成对抽象数学关系的理解和掌握，从具体经验到抽象关系的上升需要成人的参与。《观察日记》充分展现了数学和数学教育的无处不在，成人只要细心、用心，就可以找到很多机会引导幼儿在解决问题的过程中学习数学。例如，我们从《观察日记》看到雷昊与爷爷、奶奶一起散步和看书时观察数字（2岁11个月14天）、上下楼梯时一起数数（3岁1个月1天）、与奶奶一起粘纸画车时写数字（3岁3个月14天）、爸爸出差时与奶奶谈一周的构成（4岁10个月9天）、制作挂历时认识年和月的关系并写数字（5岁2个月）、与奶奶比身高时体验量的相对性（5岁6个月）。这种渗透在日常生活和游戏中的亲子互动为雷昊提供了大量早期数学学习经验。

以上是初读《观察日记》的粗浅认识。谨以这些粗陋的文字表达对卢先生的无限敬仰和深切缅怀。

对儿童心理发展的再学习

中国科学院心理研究所　李甦

　　在北京师范大学读书期间，未能聆听卢先生的教诲，甚是遗憾。今日有幸能阅读并评注先生对孙子长达六年的观察记录，对我而言，是对幼儿发展的又一次深入学习。而以"阅读"这样一种方式的学习，也使我能不断地领悟卢先生在字里行间所传递的对幼儿发展和教育的深刻认识。

　　说起什么是发展，发展意味着什么，其实是很抽象的。虽然心理学的教科书上会说"发展是个体在成长过程中所发生的连续性和系统的变化"，但"发展"似乎还是看不见、摸不着的。卢先生对孙子发展过程持续细致的观察和记录，恰恰让我们生动地看到了幼儿的"变化"，感受到了幼儿的"发展"。以绘画为例，卢先生的记录展示出儿童绘画发展的整体进程。从不同年龄的作品中，我们可以看到儿童绘画经历了涂鸦期、象征期、图式期以及入学前写实性描画等重要发展时期。在每个时期中，幼儿的绘画作品都表现出一些独特而典型的特征。

　　在涂鸦期，儿童的绘画作品中主要看到的是各种各样的线条，这些线条是儿童的手臂动作带动画笔在纸上留下的痕迹。最初，儿童的涂鸦线条由垂直的上下推拉的线条组成，然后会表现出左右推拉的线条，之后便会出现"毛线团"样子的线条。儿童涂鸦期的作品成人如果不去询问，通常都很难解读，但它们对儿童是有意义的。有些看似混乱的线条其实代表着一定的意义，比如某些动作留下的轨迹（如"汽车开过去了"或者"怪兽在打"），或者是一个事件的过程（如"爆炸了"）。从卢先生对孙子图画的记录可以看出，先生对儿童绘画的特点非常敏锐。她通过询问，不仅了解到儿童表达的内容，还通过"语言"这一工具，让"意义"明确出来，为儿童建立语言和图画两个符号系统之间的互动提供了支架，这将会极大地促进认知能力的提升。

　　到了象征期，儿童开始能够描画事物，画出的图形的外形和所代表的事物非常像。但这个时期的作品还没有太多的细节，儿童侧重描画事物的大体形态及轮廓，凸显出以图代物的图画象征功能。需要指出的是，雷昊出现象征期作品的时间很早（2岁前），这与他喜欢绘画，经常绘画，积累了丰富的与画纸、画笔互动的经验密切相关。所以，教育者要充分尊重这个时期儿童绘画的表现特点，避免用简单的"像不像"的标准来评判他们的作品，也不要因为孩子画不出什么"像样的"东西，就不让他们画画。相反，在绘画发展的早期阶段，更应该丰富他们的经验，让儿童在一次次与画笔和画纸的互动中找到自主表达的方法。

　　进入图式期，我们成人已经能看懂儿童画了些什么，他们绘画作品中的细节也丰富起来了。图式期儿童的绘画中表现了明显的空间意识，天空和地面的标识非常清晰。一般来说，儿童都会在画纸的下部画一条线（基地线）来代表地面，并在地面上画上花朵、小草，而在画纸上部的天空中则会画太阳、白云和小鸟。这些常见的图画形象在这一时期一方面具有了独特的符号含义，另一方面又会使儿童的绘画形象具有模式化的特点。很多事物，如花朵、小鸟的样子画出来几乎都是一个样子的。所以在这个时期，既要尊重儿童的画法，又需要不断增加他们的经验，帮助儿童突破模式，让表现更加多样化。

　　在进入小学前，儿童的绘画已开始出现写实期的一些特点。他们绘画中的细节更为丰富，对形象特征的描绘也越来越逼真。但学前末期还仅仅是写实的萌发，儿童要画出具有写实特征，特别是具有透视特征的作品还需要很长的时间。

　　卢先生对孙子绘画作品的记录，一帧帧地为我们呈现出上述的发展过程和发展特点，为幼教工作者开展教育教学工作提供了重要的参照。此外，卢先生细致完整的记录还为我们深入理解发展的性质提供了窗口。卢先生记录的不同时间的绘画作品生动地展示出幼儿的发展是持续变化的。例如，在早期涂鸦的作品中，可以看到象征期绘画的一些特点（如两条长长的代表轨道的线条），说明早期发展孕育着后期发展，后期发展是以早期发展为基础的。这就提示幼教工作者一方面要重视幼儿发展的早期经验，另一方面也要给幼儿发展的时间，让幼儿在发展过程中有充分的时间来整合和建构自己的经验。

　　在阅读观察记录的过程中，卢先生的儿童视角也给我留下了深刻印象。在记录中，卢先生经常会使用"喜欢""兴趣"这些词汇，可以看出先生对孙子的浓浓爱意，这背后也反映出先生对幼儿作为发展主体的充分关注。的确，观察记录孩子在认知、语言和艺术等方面的发展，都能看到幼儿自身在其发展过程中发挥的作用，表现出巨大的学习兴趣和学习能力。但是，儿童在其发展过程也存在局限性。卢先生记录下来的成人与孩子的互动方式和互动内容，也启发我们思考成人在幼儿发展中应该如何更好地发挥作用。

　　认识和了解儿童才能真正做到尊重儿童。卢先生的这份观察记录为后辈的学习和思考提供了宝贵的资料。无论研究技术如何变化，观察都是研究和了解儿童最重要和最根本的方法。相信这本书的读者都会在阅读中有所收获。

在阅读和评注中体味成长

人民教育出版社　刘峰峰

作为一名晚辈学生，能够参与《卢乐山儿童观察日记：记录与分析》一书评注的写作，倍感荣幸和有趣。我是 1998 年进入北京师范大学学前教育专业就读的，不久就听说了卢乐山先生的名字，知道她是我们专业德高望重的老教授。临近本科毕业，恰逢学前教育专业成立 50 周年暨卢乐山先生执教 65 周年学术研讨会举行，又正好临近卢乐山先生 85 岁诞辰，我作为刘焱教授的学生参与了这一盛会的服务工作，其中的重要任务之一就是在大会开幕当天，负责接待卢乐山先生的表姐——严仁英医生，她被称为我国的"围产保健之母"，曾任北大医院院长。两位老人家都是身材高大挺拔，足有 1.7 米，瘦而精神矍铄。在旁边听着老人家们和诸位师长的聊天、寒暄，我觉得很有趣，又受益匪浅。这是第一次，报章、故事中的人物就在自己的面前谈笑风生，我顿生仰慕之心，也真实感受到了知识妇女身上所表现出来的人格魅力和大家风范，体会到身为女性的骄傲。之后再次深入了解两位老人家的家世、生活、求学和工作经历，更是钦佩。她们都出身于书香门第、官宦之家，可谓真正的大家闺秀，从小接受良好的家庭教育，却没有躲在祖辈的庇荫下享受生活，而是将个人的命运与国家、民族的命运紧紧联系在一起，奋发求学，回报社会，均在自己的工作领域作出了杰出的贡献，培养出了众多杰出的后辈人才。后来 2003 年"非典"发生，在报纸上知悉严仁英大夫和丈夫王光超大夫为奋战在一线的医护人员捐助 180 台电风扇，更是感受到了老人家的医者仁心。由此，更加对卢乐山先生一家人钦佩，先生一家人真可谓德才兼备，很好地诠释了北师大的校训——学为人师，行为世范。

这本儿童观察日记的观察对象不是别人，正是卢乐山先生的孙子——雷昊。这让我一下子想到了陈鹤琴先生的著作《儿童心理之研究》，不也是一本基于对陈先生长子一鸣的观察而写成的著作吗？不同之处在于，卢先生的这份观察记录仅止于客观描述和记录，是从隔代人——祖母的角度，其中的评注和解释工作则交由后辈进行。这样的结合也颇有意思，将卢乐山先生、刘焱教授和我们这些晚辈学生三代人的所知所学融汇在这一本小书之中，从中既可以一窥一名婴儿从出生到 6 岁多的整体发展过程，同时又能将这一过程与学前阶段的生理、心理、卫生、保健、养育等知识巧妙融合，令作者和读者都能从中体悟婴幼儿生长发育的神奇与奥秘。

我所负责的评注工作从雷昊 4 个月开始，到雷昊 7 个月 6 天终止。在评注的过程当中，我仿佛又重新学习了一次求学时所学的儿童生理发展、心理发展和养育知识，加之自己已然度过了青葱时代，也成了孩子的妈妈，有了亲身的育儿经历，因此对于其中所描述的雷昊生长发育的理解和体会更加丰富些、生动些。总体说来，我有以下三点感受。

一、重温幼时的成长经历，体味成长的奇妙

雷昊的年龄和我只相差一岁多，都是标准的"80后"。看着卢先生对雷昊从出生开始的点滴记录，我有一种时光错乱的感觉，仿佛穿越回了自己小时候，重新经历了一次自己幼年时期的成长过程。尽管出生的地方不同，但照片中雷昊的各种玩具、用具，家里面的各种陈设，和我记忆当中家里的各种陈设非常相似。雷昊的很多表现和我母亲对我小时候的描述，颇多相似之处。比如记录中提到，雷昊一听到"灯灯"，就会转头去看卧室中的"红灯"。我母亲也经常跟我描述我五六个月大的时候，奶奶经常抱着我出去，一跟我说"树叶呢？树叶呢？"我就会抬头看向头顶上的大树。这都反映了这一阶段婴幼儿认知和语言发展的特点，即倾听和理解先于表达。

卢先生的记述非常详尽，全面描述了雷昊的身体、认知、语言、动作、社会性、饮食等各方面的情况，阅读和评注这些成长经历的过程，就好像是在重温自己的成长经历，终于有机会看到自己那一代人当年是怎么从柔弱无知的婴儿慢慢成长为能说会道的聪明小孩的。这其中离不开父母等长辈的关心和爱护，离不开小小生命体内蕴含的神奇力量，这一过程是内因和外因、遗传和环境巧妙结合，共同起作用的结果。尽管当年的物质生活并不富裕，但是国家和长辈们尽全力为我们提供最好的条件，我们都健康长大了，成为一个个独立自主的成年人，开始肩负起自己的责任。

二、思考科学的育儿方法，感悟观察的重要

卢先生是一名专业的学前教育工作者，因此，当孙子出生之后，她有意识地对孙子的成长发展过程进行专业的观察和记录，从观察和记录当中，我可以感受到雷昊所受到的科学适宜的照料和养育。这让我意识到科学的育儿方法的必要性和重要性，这也是任何形式、任何阶段的教育所应当秉持和追求的内容。家庭是孩子接受教育的第一个场所，因此，家庭教育非常重要，每一位家长都应当进行学习和接受必要的培训，如此才能建立科学的育儿理念，掌握科学的育儿方法。要想将科学理念和方法转化为有益的实践，其中的核心与必要前提就是"观察"。每一位家长都需要首先认识到观察孩子的重要性，在观察的基础上才能真正理解孩子，走进孩子的世界，从而有效地陪伴和支持孩子。当孩子进入学校之后，学校教师也应当首先观察和了解孩子，在此基础上才能做出适宜的判断，采取正确的教育方法，进而取得良好的结果。当然，观察也是有方法的，因此学习观察的方法以及分析、判断观察结果的方法，都是非常重要的，是家长和教师都应当了解和学习的内容。

三、认识学前教育学科的有趣和重要性，坚定学以致用的决心

在阅读和评注卢先生观察记录的过程中，我也再次感受到学前教育这一学科是一门很有趣的学科，研究人世间最可爱的小天使——0～6 岁儿童的生理、心理和教育，致力于帮助他们健康成长。在观察他们、研究他们、陪伴他们、教育他们的过程中，会遇到太多美好的事情，从中获得无限的乐趣，也仿佛是在见证人类由初生婴儿成长为健壮青年的过程，深刻感受到生命的神奇与有趣。这是一门内含太多乐趣的学科，怪不得从事这一学科的人都能永葆童心、热情真挚呢！获得乐趣之外，我还再次意识到学前教育学科的重要性。高质量的学前教育对于孩子、家长和社会来说是无价之宝。众多研究表明，幼年时期接受良好的学前教育能够从根本上改变孩子的人生，甚至改变整个家庭的命运。从个体角度来说，我本人学习学前教育专业多年，也深刻感受到所学对我教育孩子、投入工作的帮助之大。学前教育方面的相关理论和知识能够帮助我更加平和深入地观察和了解孩子，无限接近孩子的内心世界，发自内心地接纳他们、热爱他们、理解他们、尊重他们，耐心陪伴和支持他们的成长。这就是这个学科赋予我的学以致用的决心和力量。我想，我会谨记这一点，不断地将所学理论联系实际，将所经历的实际联系理论，在学前教育专业发展的道路上走得更加长远。

再次深深地缅怀卢乐山先生，感恩先生为我国的学前教育事业所作的努力！晚辈会向先生学习，在所热爱的学前教育领域继续奋力向前！